AF276391

Disfrute gratuitamente **DURANTE UN AÑO** del eBook de esta obra

⊘ Acceda a la página web de la editorial **www.colex.es**

⊘ Identifíquese con su usuario y contraseña. En caso de no disponer de una cuenta regístrese.

⊘ Acceda en el menú de usuario a la pestaña «Mis códigos» e introduzca el que aparece a continuación:

RASCAR PARA VISUALIZAR EL CÓDIGO
Perspectiva de género y Constitución

⊘ Una vez se valide el código, aparecerá una ventana de confirmación y su eBook y/o audiolibro estará disponible **durante 1 año desde su activación** en la pestaña «Mis libros» en el menú de usuario.

* La puesta a disposición al público del eBook y audiolibro de las obras adquiridas está sujeta a la discrecionalidad de la Editorial Colex La mayoría de nuestros libros disponen de eBook, mientras que el audiolibro estará accesible desde el 15/06/2024 para las colecciones «Paso a paso», «Monografías», «Libros de bolsillo» y algunas obras de la colección «Textos legales básicos» Se excluyen expresamente las colecciones «Códigos comentados», «Biblioteca digital» y los productos de www vademecumlegal es

No se admitirá la devolución si el código promocional ha sido manipulado y/o utilizado.

¡Gracias por confiar en nosotros!

La obra que acaba de adquirir incluye de forma gratuita la versión electrónica.

Acceda a nuestra página web para aprovechar todas las funcionalidades de las que dispone en nuestro lector.

Funcionalidades eBook

Acceso desde cualquier dispositivo con conexión a internet

Idéntica visualización a la edición de papel

Navegación intuitiva

Tamaño del texto adaptable

Síguenos en:

PERSPECTIVA DE GÉNERO Y CONSTITUCIÓN

PERSPECTIVA DE GÉNERO Y CONSTITUCIÓN

Ignacio Álvarez Rodríguez

COLEX 2024

Esta obra se ha escrito gracias al apoyo del Proyecto de Investigación PID2022-138077OB-I00: *Identidades colectivas y justicia penal: un enfoque interdisciplinar, financiado por el Ministerio de Ciencia e Innovación*. Investigadores Principales: Alicia GIL GIL y José NÚÑEZ FERNÁNDEZ.

Copyright © 2024

Queda prohibida, salvo excepción prevista en la ley, cualquier forma de reproducción, distribución, comunicación pública y transformación de esta obra sin contar con autorización de los titulares de propiedad intelectual. La infracción de los derechos mencionados puede ser constitutiva de delito contra la propiedad intelectual (arts. 270 y sigs. del Código Penal). El Centro Español de Derechos Reprográficos (www.cedro.org) garantiza el respeto de los citados derechos.

Editorial Colex S.L. vela por la exactitud de los textos legales publicados. No obstante, advierte que la única normativa oficial se encuentra publicada en el BOE o Boletín Oficial correspondiente, siendo esta la única legalmente válida, y declinando cualquier responsabilidad por daños que puedan causarse debido a inexactitudes e incorrecciones en los mismos.

Editorial Colex S.L. habilitará a través de la web www.colex.es un servicio online para acceder a las eventuales correcciones de erratas de cualquier libro perteneciente a nuestra editorial.

© Ignacio Álvarez Rodríguez

© Editorial Colex, S.L.
Calle Costa Rica, número 5, 3.º B (local comercial)
A Coruña, C.P. 15004
info@colex.es
www.colex.es

I.S.B.N.: 978-84-1194-705-3
Depósito legal: C 1606-2024

SUMARIO

CAPÍTULO 4
VALORACIONES CRÍTICAS

INTRODUCCIÓN

Este librito tiene como objetivo explicarle al lector qué se supone que es la perspectiva de género, observar su recepción jurídica, cómo se emplea por sus adalidades y formular algunas críticas (creemos que merecidas, pero que sea el lector quien dicte sentencia).

Para ello comenzaremos por intentar trazar el origen del concepto y su desarrollo. Estamos en condiciones de adelantar que no resultará sencillo, pues no se sabe a ciencia cierta ni qué significa, ni quien lo promueve, ni donde surge, ni, en definitiva, los datos elementales de cualquier institución de veras importante. Más allá del feminismo de segunda ola, que hizo de él mascarón de proa, hay más dudas que respuestas al respecto.

Seguidamente ofrecemos un repaso de la regulación de la perspectiva de género desde la perspectiva internacional, constitucional y legal. Además, ofrecemos posteriormente un análisis de las sentencias donde nuestro Tribunal Constitucional acoge la noción y la casa, constitucionalmente hablando, intentando hacernos ver que es, nada más y nada menos, una exigencia democrática.

Finalizamos con una serie de consideraciones y valoraciones críticas que dan paso al apartado final de conclusiones. En ambos se resaltan algunas ideas que dejamos aquí enunciadas, para su ulterior tratamiento. En primer término, la perspectiva de género se auspicia en los debates feministas, por lo que su raigambre es indubitadamente ideológica. En segundo lugar, introduce dosis nada despreciables de inseguridad, pues manifiesta una porosidad y amplitud que hace de ella un cajón de sastre a utilizar por quienes la defienden para los más variados intereses. En tercer lugar, la perspectiva de género tiene algo de liberticida y atenta contra el pluralismo, amén de no tener mucho de igualitaria. Repasadas las líneas jurisprudenciales de nuestro Tribunal Constitucional, se colige que los argumentos ofrecidos por los votos particulares de los magistrados disidentes son más convincentes que los que da la mayoría.

CAPÍTULO 1.

LA PERSPECTIVA DE GÉNERO: ORIGEN Y CONCEPTO

En este apartado se va a prestar atención al concepto «perspectiva de género», traducción algo falaz del mainstreaming de género que la cultura anglosajona ha producido. Vamos a dedicar esfuerzos a intentar desentrañar qué cosa pudiera ser la mentada perspectiva y de dónde proviene.

a. Origen

El concepto de «perspectiva de género» empezó a desarrollarse de manera más sistemática, formal si se quiere, en las décadas de 1970 y 1980, en el contexto de los movimientos feministas, políticos y académicos, que cuestionaban las normas y estructuras de poder basadas en lo que ellas llamaban «género»: la construcción social basada en la biología que daba lugar a los «hombres» y a las «mujeres». Aunque las ideas que lo sustentan tienen raíces más profundas, como en el trabajo de pioneras del feminismo en el siglo XIX y principios del XX, la perspectiva de género como tal tomó forma en el ámbito académico y político durante la que podríamos llamar la segunda ola del feminismo, que va más allá, incluso refuta, el primer feminismo liberal.

Conviene resaltar algunos hitos clave en el desarrollo del concepto, que tienen bastante que ver con el componente ideológico. En primer término, destacan los diversos movimientos feministas: En las décadas de los años 60 y 70, el feminismo comenzó a desafiar las normas tradicionales de género y a destacar cómo las desigualdades basadas en el género estaban integradas en las estructuras sociales y políticas. Por eso se debía, bajo su prisma, destruir el género a través...del género. Este desafío intelectual, con altas dosis de activismo, ayudó a sentar las bases para desarrollar nociones más sistemáticas.

Estrechamente relacionado con lo anterior tenemos, en segundo lugar, la defensa que hace la teoría feminista. Durante las décadas de 1970 y 1980, académicas y teóricas feministas, como Simone de Beauvoir, Judith Butler y *bell hooks*, entre otras, comenzaron a explorar y definir cómo las construcciones sociales del género impactan la vida de las personas y las estructuras sociales. La teoría feminista ayudó a formalizar conceptos clave como la socialización de género y la desigualdad estructural. Huelga decir que los nombres antecitados no compartían del todo una visión feminista unívoca, como por ejemplo en el sustrato personal central: mientras algunas defienden a la mujer, otras dirán que dejan fuera a todas las personas de género fluido, a mujeres *racializadas*, altermundistas, etc.

En tercer lugar, resalta el hecho de que estas ideas germinaran y fructificaran gracias al desarrollo académico. En el ámbito académico, el concepto de perspectiva de género se consolidó en disciplinas como la sociología, la ciencia política, la antropología y los llamados *estudios de género*. Las universidades, institutos de investigación y centros de investigación empezaron a incluir estudios de género en sus currículos y a desarrollar metodologías para analizar las desigualdades de género. Aunque un manto de descrédito y farsa acompaña a este tipo de enfoques, lo cierto y verdad es que siguen existiendo y extendiendo su radio de influencia.

En cuarto lugar, no es desdeñable el intento de materializar estas ideas e ideologías en políticas públicas. Basta echar un vistazo a lo que sucede tanto a nivel internacional como nacional. A nivel institucional, la perspectiva de género también se fue integrando en políticas públicas y en el trabajo de organizaciones internacionales como la ONU. En 1995, la Cuarta Conferencia Mundial sobre la Mujer en Beijing fue un hito importante para la integración de la perspectiva de género en políticas globales, destacando su importancia en el desarrollo y en la igualdad de oportunidades. Otro tanto puede decirse con algunos intentos provenientes de la Unión Europea y, a mayor abundamiento, en lo que sucede en países como España, donde se ha «generizado» hasta el más recóndito rincón por tierra, mar y aire con un arsenal legislativo y financiero ávido de resultados, cuando no de «revancha».

En resumen, aunque las ideas que informan la perspectiva de género han evolucionado durante siglos, el concepto como tal se formalizó y ganó prominencia en las últimas décadas del siglo XX, impulsado por los movimientos feministas y el desarrollo académico en torno a los debates sobre «el género».

b. Concepto

La perspectiva de género podría definirse como aquel enfoque analítico que se centra en cómo las diferencias de género influyen en la vida de las personas, en sus experiencias y en las estructuras sociales. Entendiendo por tales diferencias las que median entre ser hombre y ser mujer. Su objetivo pretende ser el entender y cuestionar las desigualdades y las relaciones de poder basadas en el género. Sucede que esta es una visión tan lábil y confusa que nunca sabemos a ciencia cierta de qué se está hablando. No hay nada parecido a «las mujeres» como un bloque monolítico e inamovible, como tampoco lo hay de «los hombres». Más allá de las estructuras biológicas elementales —solo discutidas por peligros públicos con piernas— los seres humanos son tan sumamente cambiantes en su individualidad que no hay dos iguales.

Sea como fuere, la perspectiva de género implicaría, a la luz de la lectura de sus defensores, varias cosas. Por un lado, serviría para reconocer desigualdades, en concreto las desigualdades de género afectan a diferentes aspectos de la vida, como el trabajo, la educación, la salud y la vida familiar. Nos tememos que decir eso es no decir apenas nada, pues ese tipo de diferencias han existido irremediablemente desde tiempos inmemoriales.

Por otro lado, estas tesis radican en una defensa a ultranza de eso que se llama construcción social del género: consideran que las diferencias entre los géneros no solo son biológicas, sino que también son construidas social y culturalmente. Esto significa que las expectativas y roles asignados a hombres y mujeres son aprendidos y mantenidos por la sociedad, por lo que tendemos a reproducir ese esquema tan manido donde ellas son las preteridas sin solución de continuidad y ellos los aventajados y premiados por otros como ellos. Tampoco parece la mejor de las suertes el hecho de que ellos sean poceros, albañiles, bomberos, o miembros de equipos policiales de élite. Pero en fin.

En los últimos años se ha sumado a este debate el mantra de la interseccionalidad, osease, reconocer que el género no actúa de manera aislada, sino que *intersecta* (con perdón) con otras categorías sociales como la raza, la clase social, la orientación sexual y/o la discapacidad. Según se nos dice, este enfoque permite una comprensión más completa de las discriminaciones y opresiones. La realidad es que, si siguen añadiendo «causas», al final van a llegar al concepto clásico de ciudadanía como fuente de igualdad y no discriminación

Qué duda cabe que quienes abogan por este tipo de medidas buscan sin disimulo el cambio social a través de un proyecto de ingeniería social que en el peor de los casos es pavoroso y en el mejor, resulta inquietante. Las palabras gruesas, los eslóganes, los mantras vacíos de contenido hacen acto de presencia cuando se pueden leer cosas como que la perspectiva de género es lo que permite promover la equidad de género y desafiar las normas y estructuras que perpetúan las opresiones. Lo cual se traduce en más intervencionismo, más dinero público, más administraciones públicas y un largo y extenuante etcétera. Todo ello pensando siempre, por supuesto, en identificar caminos y vías de crear una sociedad más justa e inclusiva.

CAPÍTULO 2.

LA REGULACIÓN JURÍDICA DE LA PERSPECTIVA DE GÉNERO

En este capítulo vamos a abordar la regulación de la perspectiva de género en las diferentes normas existentes. Para ello expondremos un esquema clásico basado en dos niveles, el internacional y el nacional, dividiendo en dos, a su vez, este último, en constitucional y legal.

a. A nivel internacional

La perspectiva de género se regula en el ámbito internacional a través de una serie de tratados, convenciones, acuerdos y políticas promovidas por organizaciones internacional tanto universales (Organización de Naciones Unidas) como regionales (Unión Europea, Consejo de Europa). Estos instrumentos buscan garantizar la igualdad de género y promover políticas que tengan en cuenta las desigualdades de género en diferentes contextos para paliarlas o erradicarlas.

A continuación, destacamos algunos de los principales mecanismos y documentos internacionales que regulan y promueven la perspectiva de género. En primer término, tenemos la *Convención sobre la Eliminación de Todas las Formas de Discriminación contra la Mujer* (CEDAW), adoptada en 1979 por la Asamblea General de las Naciones Unidas y en vigor en España desde 1981. Su principal objetivo es establecer normas internacionales para eliminar la discriminación contra las mujeres en todos los ámbitos de la vida y promover la igualdad de género. La CEDAW define la discriminación contra las mujeres, establece medidas que los países deben adoptar para promover la igualdad y exige informes periódicos de los estados sobre el cumplimiento. Para supervisar sus dictados existe el Comité para la Eliminación de la Discriminación contra la Mujer órgano no judicial de supuestos expertos que supervisa su aplicación.

En segundo término, existe la *Plataforma de Acción de Beijing*, adoptada en 1995, en el marco de la Cuarta Conferencia Mundial sobre la Mujer de las Naciones Unidas. Su principal meta es proporcionar una agenda para la igualdad de género y el empoderamiento de las mujeres a nivel global. En ese sentido, la plataforma cubre doce áreas críticas, incluyendo pobreza, educación, salud, violencia, y derechos humanos, e incluye estrategias para integrar la perspectiva de género en políticas y programas. O, dicho en otros términos, ayudar en todo lo posible a la mujer eludiendo hacerlo con los niños, jóvenes u hombres.

En tercer lugar, figura la tan mentada y criticada *Agenda 2030 para el Desarrollo Sostenible*, una correa de transmisión ideológica como otra cualquiera. Adoptada en 2015 por la Organización de Naciones Unidas, tiene como uno de sus objetivos promover el desarrollo sostenible en todo el mundo con un enfoque de género y el empoderamiento de todas las mujeres y niñas. Así, incluye el Objetivo de Desarrollo Sostenible (ODS) 5, que busca lograr la igualdad de género y empoderar a todas las mujeres y niñas.

En cuarto lugar, podemos mencionar la Declaración y Plataforma de Acción de la Conferencia Internacional sobre la Población y el Desarrollo (CIPD), adoptada en 1994 por la Conferencia Internacional sobre la Población y el Desarrollo en El Cairo de las Naciones Unidas. El principal cometido de dicha declaración es enfatizar los derechos reproductivos y la igualdad de género en el contexto del desarrollo poblacional. La plataforma de acción aborda la importancia de la igualdad de género en el desarrollo económico y social y promueve el empoderamiento de las mujeres en todos los aspectos de la vida.

En quinto lugar, figura la Convención sobre los Derechos del Niño (CDN), adoptada en 1989 por la Organización: Asamblea General de las Naciones Unidas. Su cometido es asegurar y garantizar los derechos de los niños, incluidas las niñas, y abordar las desigualdades que sufren en diferentes contextos. La CDN incluye disposiciones para proteger a las niñas contra la discriminación y promover la igualdad de oportunidades en sus vidas.

En sexto lugar podemos traer distintos Convenios elaborados en el marco de la Organización Internacional del Trabajo (OIT), cuyo principal objetivo es establecer normas laborales internacionales que incluyan la igualdad de género en el ámbito laboral, tales como la igualdad de remuneración, la igualdad de oportunidades y el trabajo digno para mujeres y hombres.

En séptimo lugar tenemos algunas normas y disposiciones que provienen de la Unión Europea, entre las cuales se cuentan tratados, directivas y estrategias para la igualdad de género, incluyendo la actualmente vigente Estrategia para la Igualdad de Género 2020-2025, donde subsiste una redacción muy proclive a establecer discriminaciones y remedios para las mismas. Fue Ferlosio quien dijo que las soluciones suelen ser sospechosas porque siempre se encuentran.

No podemos dejar de señalar que otras organizaciones regionales tales como la Organización de Estados Americanos (OEA) y la Unión Africana, también tienen políticas y marcos para promover la igualdad de género y la perspectiva de género en sus respectivos contextos. De momento, no parece que su materialización sea muy halagüeña, pero sin duda contribuyen a preservar viva la llama de la reivindicación.

b. A nivel constitucional

Muy pocas son las Constituciones que contemplan en su articulado expresamente algo siquiera similar a la «perspectiva de género». Aunque tampoco cabe decir que no presentan ningún tipo de medida a este respecto. Buena parte de las Constituciones actualmente en vigor se elaboraron o modificaron en el siglo XX, especialmente a partir de la II Guerra Mundial. Por ello, un valor como la igualdad suele estar inserto en ellas, con mejor o peor fortuna en su redacción. Un somero repaso nos ilustrará al respecto.

Comencemos, sin ir más lejos, con la Constitución de España (1978). Tenemos una serie de preceptos a destacar.

Primero, el artículo 9.2, donde se habla de igualdad real y efectiva. Segundo, el artículo 14, donde se establece la igualdad ante la ley y prohíbe la discriminación por razón de sexo, entre otros factores. Tercero, el artículo 35, donde se garantiza el derecho a la igualdad en el ámbito laboral, incluyendo la igualdad salarial y la protección en situaciones de maternidad. Insistimos: sin ánimo de exhaustividad es palmario que la perspectiva de género encuentra en tales disposiciones un propicio caldo de cultivo. La reforma constitucional del artículo 49 CE, llevada a cabo en 2024, puede ser vista como un paso hacia esa dirección feminista cuando establece, en el inciso final del artículo 49.2 CE, que «se atenderán particularmente las necesidades específicas de las mujeres y los menores con discapacidad»[1].

Respecto a la Constitución de México (1917, reformada varias veces), el artículo 4 reconoce el derecho a la igualdad entre hombres y mujeres y establece la igualdad de oportunidades entre ambos y el artículo 123 asegura la igualdad de derechos laborales y prohíbe la discriminación laboral por razones de género. Además, el que llaman por aquellos lares *principio de paridad* fue incorporado a la Constitución federal en el año 2014. El artículo 41 establece que los partidos políticos deberán postular paritariamente sus candidaturas para los Congresos Federal y locales, lo cual es otros de los grandes logros que suelen imputarse «al feminismo».

En lo tocante a la Constitución de Colombia (1991), su artículo 13 establece la igualdad ante la ley y prohíbe cualquier forma de discriminación, incluyendo la de género. Por su parte, el artículo 43 realiza una alusión específica a la igual-

---

1   Existen trabajos donde se desarrolla una crítica seria y rigurosa de dicha reforma. *Vid.* PERNAS ALONSO, J.M.ª, «La reforma del artículo 49 de la Constitución sobre discapacidad: una vulneración del derecho a la igualdad del artículo 14 de la Carta Magna», *Revista Española de Derecho Administrativo*, n.º 233, 2024, pp. 115-133; y, del mismo autor, «La reforma del artículo 49 de la Constitución sobre discapacidad: una vulneración del derecho a la igualdad del artículo 14 de la Carta Magna», *Revista General de Derecho Constitucional*, n.º 40, 2024. A favor de la reforma pueden verse los diversos trabajos compilados por quien en el momento de formularse la propuesta de reforma constitucional era Directora General de Asuntos Constitucionales y posteriormente elegida magistrada del Tribunal Constitucional. *Vid.* DÍEZ BUESO, L. (dir); *La reforma del artículo 49 de la Constitución Española*, Aranzadi, Navarra, 2024.

dad de derechos y oportunidades para mujeres y hombres y amplia su protección a las mujeres en situaciones de maternidad.

La Constitución de Ecuador (2008) recoge en el artículo 66 el derecho a la igualdad y la no discriminación por razones de género, entre otros. Su artículo 328 enfatiza la igualdad de oportunidades y la no discriminación en el ámbito laboral. Algo parecido sucede con la Constitución de Bolivia (2009), donde su artículo 14 establece el derecho a la igualdad y la no discriminación, incluyendo el género; y su artículo 11 asegura la igualdad de derechos y oportunidades entre hombres y mujeres.

Siguiendo el articulado de la Constitución de Argentina (1994) se observan dos normas de interés. Por un lado, el artículo 37, donde se reconoce la igualdad de derechos entre hombres y mujeres y garantiza la igualdad de acceso a cargos públicos. Por otro, el artículo 75, que incorpora los tratados internacionales válidamente ratificados que promuevan la igualdad de género como parte del derecho interno.

La Constitución de Perú (1993) establece la igualdad ante la ley y prohíbe la discriminación por razón de género (artículo 2) y promueve la igualdad de oportunidades en el ámbito laboral y la protección de los derechos laborales de mujeres (artículo 65).

La Constitución de Chile de 1980, en la versión dada en 2021, ha establecido algunos principios importantes. En su artículo 1 establece el principio de igualdad ante la ley, que ha sido interpretado para incluir la igualdad de género. También su artículo 19 donde se garantiza la igualdad ante la ley y la no discriminación, incluyendo por género. La última reforma ha introducido a nivel constitucional el llamado «equilibrio de género (paridad)» en las listas electorales.

La Constitución de Uruguay (1967, reformada) obedece al esquema que venimos observando: el artículo 8 establece la igualdad de todos los ciudadanos ante la ley, interpretado a mayores para incluir la igualdad de género; y el artículo 72, precepto que asegura la igualdad de derechos y oportunidades para mujeres y hombres.

En suma, estas constituciones reflejan un avance significativo en el reconocimiento de la igualdad de género a nivel constitucional[2]. A menudo, las reformas y las interpretaciones judiciales adicionales ayudan a fortalecer la implementación de estos principios en la práctica. Es difícil sostener que detrás anida el horror heteropatriarcal, que oprime, subyuga, cercena y viola. Más que difícil es vil, por falaz.

c. A nivel legal

En este apartado nos ceñiremos a la legislación española, pues el eventual análisis de legislación foránea nos llevaría demasiado lejos, tan lejos que probablemente el amable lector perdería el hilo de lo que aquí se pretende contar.

Antes de entrar en materia, expondremos algunas cuestiones generales sobre la manera en que se legisla en los últimos tiempos en nuestro país. Entre otros muchos fenómenos, estos que se van a desarrollar aquí a continuación también hacen acto de aparición en la legislación sobre el género. El jurista Pablo de Lora nos servirá, a continuación, de guía intelectual[3].

En primer término, se observa que los preámbulos han degenerado hacia una forma de propaganda política, que antes responde a intereses particulares de ciertos grupos políticos y/o sociales antes que en una explicación razonada de los motivos que provocaron la reforma legal que se presenta.

En segundo término, el propio De Lora denomina tales esfuerzos legislativos como «leyes santimonia», lo que significa, básicamente, una ley que da catequesis a los ciudadanos, una ley que es un ejercicio infantilizado de hacer política por otros medios basado en la exaltación emocional, simplista y desde una visión reduccionista: el individuo al que se dirige debe ser educado, guiado o concienciado, pero nunca interpelado. Lo primero es lo que se hace con los niños y lo

---

2   Un análisis mucho más extenso y profundo puede verse en Nuño Gómez, L. y Martínez De Aragón López, L.; «Disposiciones constitucionales en materia de igualdad de mujeres y hombres: análisis comparado en América Latina y España», *Revista de Derecho Político*, n.º 120, 2024, pp. 263-288.

3   *Vid.* De Lora, P; *Los derechos en broma. La moralización de la política en las democracias liberales*, Deusto, Barcelona, 2023, p. 29 y ss.

segundo, con los adultos. Ayuda a consolidar tal estado de cosas cierta interpretación judicial de dichas leyes, activista y militante, como vamos a ver seguidamente.

En tercer lugar, estas leyes se caracterizan por tener escaso contenido preceptivo para ser un mar de proclamas ideológicas variopintas. No dicen, «establecen»; no conminan sino que «rezan». El legislador aprovecha para endosar al ciudadano perplejo una cascada de revigorizante músculo moral sin desmayo. Luchan contra el mal desde su más que autoproclamado bien, aunque sea afirmando cosas tan obvias, tan de Perogrullo, como que hay que fomentar la paz o promover el diálogo. Una constante exhibición de pretendida virtuosidad que destruya a las fuerzas de mal, tan reaccionarias y fachas ellas.

Volviendo a nuestra materia objeto de estudio, constatamos que desde hace algunos años el Boletín Oficial del Estado ofrece una compilación de las principales normas en la materia siguiendo la filosofía codificadora. Siguiendo el *Código sobre Igualdad de Género*, se vuelve a demostrar que ciertas feministas se quejan sin muchos asideros en la realidad: la legislación igualitaria por razón de género en vigor en España comprende casi dos mil páginas (¡!), concretamente mil novecientas setenta y siete. Una muestra más de que el Derecho da la espalda a la igualdad de género, como se puede fácilmente colegir. Si uno busca la expresión «perspectiva de género», esta aparece seiscientas veces. Se exige emplear dicha perspectiva en las más variadas cuestiones. Desde la revisión de la Ley de Enjuiciamiento Criminal hasta la aplicación de la normativa igualitaria del País Vasco, Andalucía, Asturias, Aragón, Canarias, Extremadura o Baleares, por citar algunas Comunidades Autónomas. Desde tratados internacionales como el Convenio contra la violencia machista hasta la Directiva sobre el principio de igualdad de oportunidades en materia de empleo, pasando por disposiciones como el Reglamento por el que se crea un Instituto Europeo de la Igualdad de Género.

Si acudimos a la legislación nacional resulta sencillo constatar el mismo criterio: no ha habido norma pretendidamente igualitaria aprobada en España que no conmine a aplicar la perspectiva de género allá donde diga el legislador. Así lo demuestran las Leyes Orgánicas 1/2004, 3/2007, 10/2022, 1/2023.

También las normas cuya materia principal no son la igualitaria se han visto poseídas por la fiebre del género. Así, la Ley Orgánica 2/2023, de 22 de marzo, del Sistema Universitario, establece en su artículo 13.2 lo siguiente: «La composición de las comisiones de evaluación y selección de todas estas convocatorias y proyectos se ajustará al principio de composición equilibrada entre hombres y mujeres, y se incluirán mecanismos para evitar los sesgos de género. A su vez, *se incentivará la promoción de proyectos científicos con perspectiva de género*, la paridad de género en los equipos de investigación y los mecanismos que faciliten la promoción de un mayor número de mujeres investigadoras principales».

O lo que establece la Ley Orgánica 2/2024, de 1 de agosto, de representación paritaria y presencia equilibrada de mujeres y hombres en su Preámbulo: «Así, se refuerza la presencia equilibrada en los órganos de decisión de la Administración General del Estado y su sector público, de tal forma que las políticas públicas de cualquier ámbito se ideen, formulen e implementen en ámbitos que respeten dicho principio y tengan en cuenta la perspectiva de género para asegurar con ello una acción pública más eficaz y eficiente, que garantice la igualdad de mujeres y hombres».

¿Qué balance podemos hacer de lo anterior? No cabe duda de que, en las últimas décadas, España ha experimentado un avance significativo en la incorporación de la perspectiva de género a su marco normativo. Esto ha sido impulsado por la lucha de los movimientos feministas, así como por el compromiso de distintos Ejecutivos, sedicentemente socialistas, para promover la igualdad entre hombres y mujeres. Según nos dicen unas y otras, la adopción de políticas igualitarias tales como la perspectiva de género ha sido clave en el proceso de democratización y modernización del país. No obstante, aún persisten desafíos en la plena aplicación y cumplimiento de estas leyes.

Si nos atenemos al desarrollo legal en materia de género, España ha ido adaptando su legislación para hacer frente a las desigualdades de género en diferentes ámbitos de la sociedad, tal y como demuestran las leyes antecitadas. Desde la doctrina feminista se nos intentar convencer de sus bondades. Así, para ellas la Ley Orgánica 1/2004 de Medidas de Protección Integral contra la Violencia de Género fue y es un hito importante en la lucha contra la violencia de género en España, al reconocer la naturaleza «integral», estructural de esta violencia y brindando apoyo judicial, psicológico y social a las víctimas. En ocasiones se dice que es una referencia internacional y ha sido emulada por otros países[4]. La Ley Orgánica 3/2007 para la Igualdad Efectiva de Mujeres y Hombres: Promueve la igualdad de género en todos los ámbitos, incluyendo el laboral, social, político y educativo. Esta ley establece la obligatoriedad de planes de igualdad en empresas y organizaciones públicas, y fomenta la paridad en la representación política. Su objetivo es erradicar la discriminación de género, tanto directa como indirecta.

La Ley 15/2022, Integral para la Igualdad de Trato y No Discriminación, por su parte, amplía el marco de protección contra cualquier tipo de discriminación, incluida la de género, y refuerza la garantía de igualdad de trato en todos los aspectos de la vida pública y privada. Incluso la polémica reforma del Código Penal gracias a la Ley Orgánica 10/2022 de Garantía Integral de la Libertad Sexual: Esta ley, conocida como la «ley del solo sí es sí», se vende como un avance en la tipificación de los delitos sexuales, poniendo énfasis en el consentimiento explícito como base para las relaciones sexuales y en la protección integral de las víctimas. Incluso la Ley Orgánica 2/2024, de 1 de agosto, de representación paritaria y presencia equilibrada de mujeres y hombres, reciente norma que pretende mejorar los índices de presencia femenina en las instituciones públicas y privadas[5].

La comunidad iusfeminista suele destacar ciertos impactos positivos a modo de logros respecto de esta normativa. Dicen que se ha producido una mejora en la protección de la violencia de género (a pesar de que la estadística oficial dice que no baja y que excluye violencias ejercidas contra hombres). Igualmente aseveran que se ha avanzado en igual-

---

4 Otras autoras hablan de una «excepción», incluso apoyando, como apoyan, la legislación. *Vid.* DE LA CUESTA, P; «La LO 1/2004, de violencia de género: política criminal para la igualdad de género». En RODRÍGUEZ ZAPATERO, J.L. (coord.); *La democracia y sus derechos. La legislatura que cambió España*, Península, Barcelona, 2024, p. 137.

5 *Vid.* CARMONA CONTRERAS, A.; «La LO 3/2007 (las SSTC 12/2008 y 13/2009) y su estirpe (el RDL 6/2019 y la Ley 15/2022, Integral para la Igualdad de Trato y la No Discriminación». En RODRÍGUEZ ZAPATERO, J.L. (coord.); *La democracia y sus derechos. La legislatura que cambió España*, Península, Barcelona, 2024, p. 91 y ss.

dad laboral y se ha «visibilizado» la discriminación de género aumentando la concienciación de amplias capas sociales de dicha discriminación.

Huelga decir que un balance ponderado debe hacernos huir de máximas, soflamas y aseveraciones que rozan los dogmas de fe. La política pública de la perspectiva de género tiene severas limitaciones o, si se quiere decir de forma más suave, retos que abordar; pese a los avances, aún persisten desafíos significativos en la implementación efectiva de estas leyes. Pongamos algunos ejemplos.

Por un lado, la violencia de género persiste. A pesar de los esfuerzos legislativos y de las campañas de sensibilización, las cifras de violencia de género en España siguen siendo alarmantes. La falta de recursos adecuados en algunos ámbitos y la lenta respuesta judicial continúan siendo problemas que obstaculizan la plena protección de las víctimas. Habiéndose adoptado un arsenal normativo, judicial y económico, el problema sigue latiendo bien hondo.

Por otro, se aprecia la subsistencia de la brecha salarial y el menor acceso a puestos de responsabilidad. Aunque la Ley de Igualdad ha ayudado a reducir las diferencias salariales entre hombres y mujeres, la brecha persiste. Además, el acceso de las mujeres a puestos directivos y de toma de decisiones aún es limitado, a pesar de los esfuerzos para promover la paridad.

Además, estas políticas públicas suelen tener «efecto rebote», o dicho, en otros términos, se reciben con ciertas dosis de resistencia social y cultural, pues siguen existiendo resistencias a las políticas de igualdad de género, manifestadas en algunos sectores de la sociedad y en discursos políticos que minimizan o rechazan la importancia de la perspectiva de género en las leyes. Y no es reprochable, dado el cariz que han tomado los acontecimientos en cuanto a radicalidad de diferentes Gobiernos y extenuación de la población haciéndola creer en lo que no desea.

Tampoco cabe eludir la falta de transversalidad: si bien estas leyes incorporan el enfoque de género en diversos ámbitos, aún falta lograr una mayor transversalidad en las múltiples políticas públicas. En muchas ocasiones, las normativas no se implementan de manera coherente en todas las instituciones o no cuentan con los recursos suficientes para garantizar su efectividad. Es tantísimo el intervencionismo que el propio intervencionismo no da abasto para colmar sus voraces expectativas y anhelos.

En resumen, la inclusión de la perspectiva de género en las leyes españolas pretendía suponer un avance significativo hacia la igualdad y la justicia social. Se nos ha dicha hasta a saciedad que las reformas legislativas en materia de violencia de género, igualdad laboral y derechos sexuales y reproductivos resultan esenciales para abordar las desigualdades históricas que enfrentan las mujeres. Sin embargo, no cabe trazar con brocha gorda los resultados. El camino hacia la igualdad real probablemente no exista, más que nada porque lo que nos caracteriza a los humanos es lo que nos diferencia a unos de otros. Se quiere que los avances legales vayan acompañados de un cambio cultural y una mayor implicación en la aplicación efectiva de estas normativas, sin darse cuenta (o dándose perfecta cuenta) que solo están sirviendo de veras para aumentar la polarización y la crispación y así contribuir a seguir alimentando al enemigo que necesitan para justificar estas y otras tantas medidas. Todo lo que sea pretender igualdad plena suena a dictadura.

CAPÍTULO 3.

PERSPECTIVA DE GÉNERO Y JURISPRUDENCIA CONSTITUCIONAL

En el presente capítulo ofrecemos al lector una crítica, esperamos que prudente y razonada, sobre el manejo que ha hecho la más reciente jurisprudencia constitucional del concepto «perspectiva de género»[6]. A tal fin expondremos con el debido detalle lo acaecido en el caso resuelto por la STC 34/2023, para hacer lo propio posteriormente con el asunto decidido por la STC 44/2023. Ambos casos, por sí mismos, gozan de la suficiente enjundia como para tratarlos separadamente, pues en uno se enjuicia la constitucionalidad de la enésima ley educativa estatal, esta de 2020, y en otro se hace lo propio respecto de la regulación legal del aborto aprobada en 2010. Por ello, prestaremos atención tanto a los fundamentos jurídicos de la mayoría constitucional como a los pareceres explicitados en los votos particulares de los magistrados discrepantes. Haremos, acto seguido, las consideraciones críticas que merezcan los argumentos de unos

---

6 El trabajo sería continuación natural y cronológica de los trabajos que el autor ha hecho sobre la materia. Uno de los últimos puede verse en ÁLVAREZ RODRÍGUEZ, I.; *En busca de la igualdad perdida*, Colex, A Coruña, 2024, p. 39 y ss; en la misma línea ÁLVAREZ RODRÍGUEZ, I.; «La perspectiva de género en la jurisprudencia constitucional», *Diario La Ley*, n.° 10475, 2024.

y otros a los efectos para concluir con una reflexión final que sintetice las novedades acaecidas al respecto[7].

a. La perspectiva de género en la STC 34/2023, de 18 de abril

La STC 34/2023, de 18 de abril, resuelve un recurso de inconstitucionalidad interpuesto por el Grupo Parlamentario VOX del Congreso de los Diputados, en relación con la Ley Orgánica 3/2020, de 29 de diciembre, por la que se modifica la Ley Orgánica 2/2006, de 3 de mayo, de educación[8]. Fue ponente de la sentencia el magistrado don Ricardo Enríquez Sancho. A la resolución de la mayoría se opuso voto particular firmado por los magistrados don Ricardo Enríquez Sancho, don Enrique Arnaldo Alcubilla, doña Concepción Espejel Jorquera y don César Tolosa Tribiño. También se suscribió voto particular concurrente por parte de la magistrada doña María Luisa Balaguer Callejón[9].

En lo que interesa al objeto del presente trabajo, el recurso impugna diversos preceptos de dicha norma en cuanto imponen como principio de todo el sistema educativo la ideología de género. Incorporaría así el Estado una ideología propia, extremo proscrito por la Constitución y por la propia jurisprudencia del Tribunal Constitucional, en la medida en que se pretendería adoctrinar forzosamente a los alumnos, atentando contra los artículos 16 CE y 27 CE, entre otros.

---

7   Para poder entender con solvencia las principales implicaciones de los debates feministas en la actualidad es imprescindible la consulta de PLUCKROSE, H. y LINDSAY, J.; *Teorías cínicas. Cómo el activismo académico hizo que todo girar en torno a la raza, el género y la identidad…y por qué esto nos perjudica a todos*, Alianza editorial, Madrid, 2023, especialmente pp. 165 y ss.

8   Es interesante el trabajo de CARABANTE MUNTADA, J.M.ª; «Igualdad sustantiva y transformativa en el ámbito educativo». En LÓPEZ MARTÍN, A.G. (ed.); *La igualdad de la mujer en el siglo XXI: realidad o utopía*, Dykinson, Madrid, 2024, pp. 186 y ss.

9   Véase RODRÍGUEZ BLANCO, M.; «La progresiva erosión de las bases constitucionales del sistema educativo», *Nueva Revista*, 16 de noviembre de 2023. En línea: https://www.nuevarevista.net/la-progresiva-erosion-de-las-bases-constitucionales-del-sistema-educativo/. Último acceso: 17 de abril de 2024.

El Gobierno de la Nación interesa la inadmisión del recurso de inconstitucionalidad. El Ejecutivo comienza su pliego de alegaciones arguyendo que el Defensor del Pueblo instó al Ministerio de Educación a incluir nuevos contenidos curriculares para la educación en igualdad, entre los que se cuenta la perspectiva de género. El Gobierno entiende que cuestiones tales como la igualdad de género, la educación sexo-afectiva, o la propia perspectiva de género, forman parte del acervo normativo internacional y nacional y, por ello, deben tener su traslación al ámbito interno, especialmente a la luz de los artículos 10.2 CE y 27.2 CE.

El escrito del Ejecutivo aboga por comprender tales principios dentro de la «ética de mínimos» mientras que considera «ética de máximos» la formación religiosa y moral individual protegida en el artículo 27.3 CE. Así las cosas, el Gobierno entiende que:

> «la perspectiva de género, en fin, es una perspectiva transversal que persigue la equidad, el desarrollo de todos los talentos y la igualdad de oportunidades, ante la desigualdad detectada en la elección de estudios de nuestros jóvenes, por eso se integra en la orientación profesional (…) y en el uso de las tecnologías» (Antecedente 3).

El Tribunal Constitucional resuelve el expediente en el Fundamento Jurídico 7. Comienza recordando que, a juicio de los recurrentes, se incorpora a la educación pública una ideología estatal en la que los alumnos serán evaluados no para verificar sus conocimientos sino para conocer su grado de adhesión a tales convicciones estatales, incluso aunque sean contrarias a las de sus progenitores. De esta manera resultarían vulnerados los artículos 16 CE y 27 CE, amén de lesionar adicionalmente lo que se dijo en la sentencia del TEDH recaída en el *asunto Kjeldsen, Busk, Madsen y Pedersen c. Dinamarca*, de 7 de diciembre de 1976, donde se establece que el sistema del Convenio implica para los Estados miembro el deber de transmitir conocimientos educativos de forma «objetiva, crítica y pluralista». El caso, como se recordará, tenía que ver con la implementación de la educación sexual obligatoria exigida por la legislación danesa, exigencia que en última instancia el TEDH declaró contraria al Convenio.

El abogado del Estado, recuerda el TC, vincula dicha *ideología* a los principios reconocidos por el artículo 10 CE y por el artículo 27 CE. Propone la distinción, ya comentada, entre la ética de mínimos y la de ética de máximos. Pero la definición que ofrece es curiosa: la primera sería lo que es admisible o no para todos los ciudadanos, tanto en el ámbito público como en el privado. La segunda comprende las creencias religiosas, creencias que deben ser respetadas en todo caso por los poderes públicos [(FJ 7 apartado b)]. Puntualiza que las menciones a la educación afectivo-sexual en la ley impugnada se encuentran «muy matizadas» y se enmarcan en cuestiones «de educación para la salud». Por ende, son contenidos que deben ser aprendidos por todos los alumnos independientemente de su moral religiosa, pues nada tienen que ver las creencias.

En ese marco, el abogado del Estado defiende que la *perspectiva de género*, por su parte, responde a la «desigualdad detectada en la elección de estudios» entre niños y niñas y a la necesidad de capacitar a ambos en metodologías activas de aprendizaje que hagan atractivas las materias científicas y tecnológicas para todo el alumnado y especialmente para las niñas y jóvenes. Así lo evidencian los artículos 22.3 y 111 bis y la disposición adicional vigesimoquinta de la LOE (en la redacción dada por la Ley Orgánica 3/2020). No se define siquiera sucintamente la perspectiva de género, sino que se nos dice a qué responde. O sea, el abogado del Estado sabe *para qué* sirve, pero no alcanza a columbrar *qué es*.

El Tribunal Constitucional dirá que la educación, toda la educación, la pública y la privada, se sitúa por parte de la Constitución bajo control de los poderes públicos en la medida en que no es «mera transmisión de conocimientos» sino también «formación humana». La Constitución, según el TC, toma partido por ciertos valores frente a otros, como por ejemplo los principios democráticos de convivencia, el pluralismo, y la diversidad y dignidad humana (incardinadas ambas en el artículo 10.1 CE, a su juicio).

Conforme al TC tales principios deben ser objeto de transmisión educativa. El respeto a las creencias morales y religiosas de los padres no puede conducir a excluir toda información o conocimiento con implicaciones de uno u otro signo [(FJ 7, apartado d)]. Citando la resolución anterior del TEDH, el TC dirá que en base a la misma no existe impedimento para que los Estados difundan mediante la enseñanza o la educación informaciones o conocimientos «que tengan directamente o no, carácter religioso o filosófico». Pero sí se prohíbe al Estado perseguir una finalidad de adoctrinamiento que pueda ser considerada como no respetuosa para con las convicciones religiosas y filosóficas de los padres. Es aquí donde se encuentra el límite que no debe ser sobrepasado, según dicta el propio TEDH.

Aunque tales asertos sirven al TC para decir que nada de malo, jurídicamente hablando, hay en la educación sexo-afectiva, también hacen las veces de pórtico para el abordaje de la constitucionalidad de la exigencia de la perspectiva de género en la educación, extremo que lleva a cabo en el Fundamento Jurídico 7, apartado e). El Tribunal Constitucional hace consideraciones de diverso orden pero unidas inextricablemente por el juicio positivo respecto a su constitucionalidad.

Así las cosas, afirma en primer lugar que la perspectiva de género se dirige a las administraciones y centros educativos, no a los alumnos, a quienes el legislador no impone «ninguna perspectiva o adhesión ideológica». En segundo lugar, y siguiendo las consideraciones del Gobierno, el TC sostiene que la perspectiva de género persigue reforzar la competencia digital pues tiene esta impacto diferente en las mujeres y hombres (en forma de la llamada «brecha digital de género»), así como desarrollar todos los talentos y atender a desigualdades detectadas en la elección de estudios por alumnas y alumnos. En tercer lugar, el TC cree coherente lo que se acaba de decir con el artículo 4.4 de la Ley 15/2022, de 12 de julio, integral para la igualdad de trato y la no discriminación, donde se establece literalmente que:

> «En las políticas contra la discriminación se tendrá en cuenta la perspectiva de género y se prestará especial atención a su impacto en las mujeres y las niñas como obstáculo al acceso a derechos como la educación, el empleo, la salud, el acceso a la justicia y el derecho a una vida libre de violencias, entre otros»[10].

---

10   Para contextualizar dicho precepto véanse los trabajos de SEIJAS VILLADANGOS, E.; «La necesaria dimensión autonómica de la Ley 15/2022, de 12 de julio, Integral para la Igualdad de Trato y la no Discriminación», *IgualdadES*, n.º 9, 2023, p. 45 y ss.; y IGLESIAS BÁREZ,

En cuarto lugar, el Juez Constitucional afirma que la constitucionalidad de los preceptos impugnados se basa en la igualdad como valor superior del ordenamiento jurídico (artículo 1.1 CE), en la obligación de los poderes públicos de promover las condiciones para que la libertad e igualdad del individuo sean reales y efectivas (artículo 9.2 CE), desarrollados ambos por la Ley de Igualdad de 2007 en sus artículos 23 y 24.

Finalmente, el TC cree que las apelaciones a la igualdad de género en la ley cuestionada tampoco son inconstitucionales [(FJ 7, apartado f)]. El TC observa que dicha igualdad es un objetivo a desarrollar, no tanto una materia objeto de evaluación, por lo que no existe la obligación de adhesión ideológica por parte del alumno. Y añade acto seguido:

> «en todo caso, si tal principio fuera objeto de ocasional debate o transmisión, ello no supondría una vulneración del art. 27.3 CE. La igualdad en general y la igualdad de género en particular es un principio que contiene un juicio de valor, pero ya hemos dicho que la educación no excluye la transmisión de valores (art. 27.2 CE) siempre que sean acordes con la Constitución, como es el caso (arts. 9.2 y 14 CE)».

En los votos particulares no se añaden especiales consideraciones respecto al asunto que aquí nos ocupa. Si acaso, podemos recordar, con la minoría, del Tribunal que, según jurisprudencia consolidada del TEDH, «la democracia no se reduce a la supremacía constante de la opinión de una mayoría; exige un equilibrio que asegure a las minorías un trato justo» (STEDH de 29 de junio de 2007, *asunto Folgerø y otros c. Noruega*, § 84 f); y STEDH de 18 de diciembre de 1996, *asunto Valsamis c. Grecia*, § 27).

También podemos traer un criterio doctrinal consolidado: la neutralidad del Estado implica que, si se establecen contenidos como el que acabamos de ver, la ley debería ofrecer la posibilidad a los padres de que se dispense a sus hijos de

M.; «Políticas públicas y acciones positivas para la promoción de la igualdad en la Ley 15/2022, de 12 de julio, Integral para la Igualdad de Trato y la no Discriminación», *IgualdadES*, n.º 9, 2023, p. 205 y ss.

recibir tales «formaciones»[11]. Recordemos, junto a Gavara de Cara, que un poder es neutral cuando obra de modo que no beneficia a ninguna concepción política, ni a ningún individuo en virtud de su presunta superioridad ideológica o moral intrínseca frente a problemas sociales, económicos, políticos o jurídicos. Se debe actuar para todos y no a favor de determinadas concepciones[12].

b. La perspectiva de género en la STC 44/2023, de 9 de mayo

La STC 44/2023 resuelve el recurso de inconstitucionalidad interpuesto por el Grupo Parlamento Popular del Congreso de los Diputados contra la Ley Orgánica 2/2010, de 3 de marzo, de salud sexual y reproductiva y de la interrupción voluntaria del embarazo. Trece años después, el Juez Constitucional tuvo a bien resolver la querella, actuando como ponente la magistrada doña Inmaculada Montalbán Huertas. Se formula voto particular por los magistrados Enríquez Sancho, Arnaldo Alcubilla y Tolosa Tribiño. También se evacua voto particular por parte de la magistrada Espejel Jorquera. Hace lo propio con un voto particular concurrente la magistrada Balaguer Callejón[13].

El recurso impugna el artículo 5.1 e) de la citada Ley Orgánica. En la redacción original decía este precepto así: «Los poderes públicos en el desarrollo de sus políticas sanitarias, educativas y sociales garantizarán la educación sanitaria integral y con perspectiva de género sobre salud sexual y salud reproductiva»[14].

---

11 Por todos véase GAVARA DE CARA, J.C.; «El control de la neutralidad y los derechos fundamentales». En GAVARA DE CARA, J.C. y DE MIGUEL BÁRCENA, J. (dirs); *La neutralidad en el Estado constitucional*, J.M. Bosch Editor, Barcelona, 2023, pp. 43-45.

12 *Vid.* GAVARA DE CARA, J.C.; «Garantías de neutralidad política y mecanismos de control en la producción del discurso público». En En GAVARA DE CARA, J.C. y DE MIGUEL BÁRCENA, J. (dirs); *La neutralidad en el Estado constitucional*, J.M. Bosch Editor, Barcelona, 2023, p. 362.

13 *Vid.* REVIRIEGO PICÓN, F.; «Reflexiones sobre la STC 44/2023, de 9 de mayo y la injustificable demora del Tribunal Constitucional», *Revista Aranzadi Doctrinal*, n.º 11, 2023.

14 Mediante Ley Orgánica 1/2023, de 28 de febrero, en vigor desde el 2 de marzo de 2023, se modificó el precepto. La redacción actual reza

Los motivos de impugnación son varios. El primero es la indefinición de la «perspectiva de género», lo que a juicio de los recurrentes genera inseguridad jurídica, contraria al artículo 9.3 CE. El segundo entiende que imponer a los poderes públicos garantizar la perspectiva de género incurre en sesgo ideológico y adoctrinamiento, posibilitando el pensamiento oficial y único, lo que atenta contra los artículos 16 y 27 CE. Aun reconociendo como reconocen las facultades que atribuye la ley impugnada en materia educativa a los poderes públicos, los recurrentes creen que dichas facultades no son ni pueden ser ilimitadas, constitucionalmente hablando. Lo que se reputa inconstitucional a su juicio no es que se imparta «educación sanitaria y afectivo-sexual» sino que se obligue a explicarla y estudiarla con perspectiva de género, porque aceptar tal cosa es asumir hacerlo desde una ideología determinada.

El tercero se refiere a la necesidad de crear contenidos educativos transmitidos de manera objetiva, crítica y pluralista, para que el alumnado reflexione en un ambiente exento de proselitismo. Es más: en asignaturas con contenidos morales o religiosos debe existir la posibilidad de abstención a la hora de cursarlas. Tales criterios han sido establecidos por el TEDH en su jurisprudencia[15]. De la jurisprudencia constitucional más valiosa también se extrae similar criterio, pues en diversas sentencias el TC ha dicho que merece protección el derecho de los padres a que sus hijos no reciban enseñanzas contrarias a sus convicciones. Al imponer la perspectiva

---

así: «Los poderes públicos, en el desarrollo de sus políticas sanitarias, educativas y de formación profesional, y sociales garantizarán La eliminación de toda forma de discriminación y de las barreras que impidan el ejercicio pleno de los derechos sexuales y reproductivos». Por lo demás, dicha ley ha sido recurrida ante el Tribunal Constitucional y, a la fecha de cierre de estas páginas, el recurso se ha admitido a trámite. Quizá no tengamos que esperar trece años para conocer esta sentencia. *Vid.* Torres Díaz, M.ª C; «Ley Orgánica 1/2023, de 28 de febrero, por la que se modifica la Ley Orgánica 2/2010, de 3 de marzo, de salud sexual y reproductiva y de la interrupción voluntaria del embarazo [BOE, núm. 51, de 1 de marzo de 2023]. La dimensión constitucional de los derechos sexuales y derechos reproductivos», *Ars Iuris Salmanticensis. Revista europea e iberoamericana de pensamiento y análisis de derecho, ciencia política y criminología*, vol. 11, n.º 1, 2023, p. 156 y ss.

15   *Vid.* López Guerra, L.M.ª; *El Convenio Europeo de Derechos Humanos según la jurisprudencia del Tribunal de Estrasburgo*, Tirant lo blanch, Valencia, 2021, p. 231 y ss.

de género, la ley impugnada incurre en inconstitucionalidad, pues deja al margen o lesiona dichas convicciones.

El cuarto motivo de inconstitucionalidad es la quiebra de la libertad de cátedra. El recurso arguye que es constitucionalmente inaceptable imponer a los docentes una determinada perspectiva ideológica y eso es justo lo que hace la exigencia de la perspectiva de género. Tal y como recuerdan los recurrentes, no hay ni puede haber una ciencia o doctrina oficiales (STC 5/1981). Dicho con otras palabras, tal libertad permite que el profesor resista eventuales mandatos de llevar a cabo la actividad docente según una determinada orientación ideológica. Estamos, claramente, ante una garantía de indemnidad, que prohíbe constitucionalmente el control ideológico sobre dicha actividad[16].

El quinto motivo se refiere a la inconstitucionalidad de exigir que la formación de los profesionales de la salud se realice con perspectiva de género. Las razones que soportan dicho aserto son las mismas que las que se acaban de ofrecer: no cabe imponer a una universidad pública la enseñanza de determinada materia por Ley. Cada Universidad hará sus estatutos y planes de estudio conforme a sus dictados pues de lo que se trata, precisamente, es de configurar una enseñanza libre de intromisiones externas. En resumen, los recurrentes concluyen su pliego de alegaciones en lo que a la perspectiva de género tiene que ver defendiendo que:

> «en la sociedad española existen múltiples concepciones sobre la sexualidad y sobre la forma de educar en esta materia; los conceptos y términos vinculados a la perspectiva de género son propios únicamente de una determinada visión de la sexualidad, que no puede imponerse ni en la educación, ni en la sanidad, obligando a todos los afectados a someterse a un pensamiento único oficial» [(Antecedente 2 h)].

El abogado del Estado interesa la desestimación del recurso de inconstitucionalidad. En lo que hace a la perspectiva de género, recuerda que dicho concepto aparece recogido en diversos documentos de Naciones Unidas. Entiende que con las reglas de interpretación admisibles en Derecho

---

16   *Vid.* Díez-Picazo, L.M.ª; *Sistema de derechos fundamentales*, Tirant lo blanch, Valencia, 2021, p. 499 y ss.

«y sin gran esfuerzo hermenéutico» se puede dotar a la noción de contenido «concreto y previsible», bastaría acudir al utilizado «por la comunidad internacional aunque no se trate de normas jurídicas vinculantes sino de textos de alcance consultivo o recomendaciones»[17].

Tampoco cree el abogado del Estado que la perspectiva de género resulte contraria a los derechos reconocidos en el artículo 27 CE. Aun reconociendo que existe jurisprudencia constitucional y convencional donde se protege la libertad de enseñanza como prohibición de adoctrinamiento, el abogado del Estado cree que la exigencia de perspectiva de género no tiene carácter apologético ni doctrinal, «pues la perspectiva de género no es una ideología determinada, ni su contenido se refiere a una determinada concepción de la sexualidad; no es sino un enfoque metodológico, que parte del examen de las diferencias que afectan a cada género». Y sigue: «el único elemento valorativo de dicha metodología es el fin perseguido en su utilización: hacer efectivo el principio de igualdad entre hombre y mujer, lo cual no es sino una manifestación de uno de los valores superiores del ordenamiento jurídico (...) que, además, forma parte de los fines constitucionalmente perseguidos a través del derecho a la educación.

Finalmente, el abogado del Estado no cree vulnerada la libertad de cátedra pues el legislador ha decidido legítimamente incluir la perspectiva de género en relación con los planes de estudio y los medios pedagógicos, estando como le parece que está dicha inclusión «desprovista de cualquier orientación ideológica». Abunda en que los planes de estudio determinan el contenido mínimo de la enseñanza y el elenco de medios pedagógicos entre los que puede optar el docente. Afirma que incluir la perspectiva de género no impide a los docentes expresar con libertad sus ideas y con-

---

17 Que sería algo así como observar en todo plan, programa o ley una perspectiva que analice los potenciales efectos que dichos planes, programas o leyes podrían tener para la mujer y el hombre con anterioridad a su puesta en marcha. Véase el apartado 79 del *Informe sobre la 4.ª Conferencia Mundial sobre la Mujer, celebrada en Beijing en septiembre de 1995*. En línea: https://www.un.org/womenwatch/daw/beijing/pdf/Beijing%20full%20report%20E.pdf. Último acceso: 19 de abril de 2024. Doctrinalmente, puede verse ALONSO, A; *El mainstreaming de género en España. Hacia un compromiso transversal con la igualdad*, Tirant lo blanch, Valencia, 2015, p. 29 y ss.

vicciones sobre dicho enfoque metodológico. Otro tanto sostiene respecto de la autonomía universitaria, pues nada obsta a que las universidades sigan decidiendo al aprobar sus planes de estudio especificar el modo en que los elementos básicos definidos por el Estado se incorporen a sus titulaciones.

La fundamentación jurídica del Tribunal Constitucional parte de la interpretación de la Constitución como «árbol vivo» [(FJ 2 B, a)], tal y como hizo en la STC 198/2012, de 6 de noviembre, lo que viene a significar que mediante una interpretación evolutiva la Constitución se acomoda a las realidades de la vida moderna como medio para asegurar su propia relevancia y legitimidad, no solo porque hay que aplicar hoy los principios constitucionales del ayer sino porque los poderes públicos, singularmente el legislador, actualizan tales principios paulatinamente y porque el TC interpreta las normas a la luz de problemas contemporáneos y debe resolver tales problemas, a riesgo, de no hacerlo, de convertir a la Constitución en letra muerta.

El apartado donde el TC ventila la presunta inconstitucionalidad de la inclusión de la perspectiva de género es el Fundamento Jurídico 10. Recapitulados los reproches de constitucionalidad que hacen los recurrentes (lesión de los artículos 9.3, 16 y 27 CE), el TC aborda en primer lugar [(FJ 10 a)] las quejas respecto a la inseguridad jurídica y al adoctrinamiento que provocaría exigir perspectiva de género vía ley. Para el TC el significado de la perspectiva de género es una categoría de análisis de la realidad desigualitaria entre mujeres y hombres dirigida a alcanzar la igualdad material y efectiva. Dicho significa, continua el TC, ha sido concretado tanto en normas internacionales como de declaraciones y recomendaciones internacionales. Entre estas últimas, cita la Declaración de Beijing de 1995 donde se defiende incorporar la perspectiva de género como enfoque metodológico para alcanzar la igualdad de género. También cita una resolución del Consejo Económico y Social de Naciones Unidas, adoptada en su sesión de 18 de julio de 1997, donde se define la perspectiva de género como «una estrategia destinada a hacer que las preocupaciones y experiencias de las mujeres, así como de los hombres, sean un elemento integrante de la elaboración, la aplicación, la supervisión y la evaluación de las políticas y los programas en todas las esferas políticas, económicas y sociales, a fin de que las mujeres y los hombres se beneficien por igual y se impida que se perpetúe la desigualdad. El objetivo final es lograr la igualdad sustantiva entre los géneros»[18].

El TC aborda después la plasmación de la perspectiva de género en la normativa europea. Pero casualmente solo encuentra una Decisión del Consejo de 20 de diciembre de 2000 y otra de la Comisión de la que no cita nada más, donde se aprueba, respectivamente, la estrategia igualitaria de la UE, la transversalidad mainstreaming y una Guía de impacto de género.

Respecto a las normas nacionales, la sentencia de la mayoría cita una Ley de 2003 y la Ley Orgánica de Igualdad de 2007. La primera recoge en su preámbulo los antecedentes europeos descritos y regula el impacto de género (que no la perspectiva) en las disposiciones normativas que elabore el Gobierno. La segunda le basta al Tribunal Constitucional para recordar que su preámbulo establece que «la ordenación general de las políticas públicas, bajo la óptica del principio de igualdad y la perspectiva de género, se plasma en el establecimiento de criterios de actuación de todos los poderes públicos en los que se integra activamente, de un modo expreso y operativo, dicho principio; y con carácter específico o sectorial, se incorporan también pautas favorecedoras de la igualdad en políticas como la educativa, la sanitaria, la artística y cultural, de la sociedad de la información, de desarrollo rural o de vivienda, deporte, cultura, ordenación del territorio o de cooperación internacional para el desarrollo».

En consonancia con lo que se acaba de decir, el articulado de la Ley de Igualdad de 2007 establece «la obligación de todos los poderes públicos de ajustar su actuación al compromiso con la efectividad del derecho constitucional a la igualdad entre mujeres y hombres, (art. 14.1), declara, con carácter general, que este principio habrá de informar, con carácter transversal, la actuación de todos los poderes públicos (art. 15), y prevé de manera específica (art. 24.1) que las administraciones educativas garantizarán un igual derecho a

---

18   *Vid.* Carabante Muntada, J.M.ª; «Igualdad sustantiva y transformativa en el ámbito educativo», en López Martín, A.G. (dir); *La igualdad de la mujer en el siglo XXI: realidad o utopía*, Dykinson, Madrid, 2024, p. 83 y ss.

la educación de mujeres y hombres a través de la integración activa, en los objetivos y en las actuaciones educativas, del principio de igualdad de trato».

El Tribunal Constitucional dirá que existen normas posteriores que han incluido un refuerzo de la capacitación judicial en la aplicación del Derecho antidiscriminatorio, incluyendo la perspectiva de género y la transversalidad mediante la reforma operada por la Ley Orgánica 5/2018, de 28 de diciembre, de reforma de la LOP, sobre medidas urgentes de aplicación del pacto de Estado en materia de violencia de género. Para pasmo general, entre esas normas se olvida citar a la ley antidiscriminatoria de 2022 que en la STC 34/2023 se cita al final como de pasada.

El Tribunal Constitucional rechaza todas las impugnaciones formuladas por los recurrentes. En primer término, considera que no se vulnera el principio de seguridad jurídica en la medida en que, como dijo el abogado del Estado, conforme a las reglas interpretativas admisibles en Derecho y sin gran esfuerzo ni generar dudas insuperables es posible desentrañar qué sea la perspectiva de género. Para el TC es «tener en cuenta las diferentes necesidades de hombre y mujer (…) con el objetivo último de garantizar una igualdad efectiva y real entre hombres y mujeres».

En segundo término, rechaza igualmente el reproche de adoctrinamiento que presuntamente vulnera los artículos 16 CE y 27 CE. La perspectiva de género, reitera el TC, es «un enfoque metodológico y un criterio hermenéutico transversal orientado a promover la igualdad entre mujeres y hombres, como parte esencial de una cultura de respeto y promoción de los derechos humanos». Para el TC no se compromete la neutralidad ideológica del Estado. La apoyatura jurídica que encuentra el TC es un tratado internacional de 1979 (CEDAW) y una Resolución de la Asamblea de la Salud de la ONU celebrada en 2007 para acabar diciendo que la educación que la Constitución pone bajo control del Estado no es mera transmisión de conocimientos sino también formación humana[19]. La Constitución, según el TC, toma partido

---

19 Para comprender la CEDAW y sus implicaciones pueden verse los trabajos compilados en LÓPEZ MARTÍN, A.G. (ed.); *La igualdad de la mujer en el siglo XXI: realidad o utopía*, Dykinson, Madrid, 2024. Respecto de su implantación en el mundo árabe es sumamente interesante el trabajo de EL YAHYAOUI MOUHAND, F.; «Los derechos humanos de

por ciertos valores, que son precisamente los de respeto a los principios democráticos de convivencia, entre los que se cuenta el principio de igualdad, que debe ser transmitido conforme a la Constitución. Ahí tenemos un claro ejemplo de razonamiento en bucle, circular, que no conduce a ningún sitio bueno. Remata el TC: la educación en perspectiva de género es también educación en derechos humanos y en uno de los valores básicos de nuestra Constitución y nuestra democracia, la igualdad. Ítem más, con cita expresa de la STC 12/2008, recuerda el TC la importancia de aplicar el artículo 9.2 como exigencia para alcanzar «no solo la igualdad formal sino también la igualdad sustantiva». Incorporar la perspectiva de género se convierte para el Tribunal Constitucional en una característica propia del Estado como social y democrático de Derecho y que dicha caracterización es el fundamento axiológico para comprender el orden constitucional. También lo es la libertad y el pluralismo político, cabría añadir, pero de ellos nada dice el TC.

Finaliza el FJ 10 a) el Juez Constitucional con cita de algunas sentencias del Tribunal Supremo donde se viene a reconocer la necesidad de integrar la perspectiva de género, como enfoque metodológico y criterio interpretativo transversal, para lograr que la igualdad de trato y oportunidades sea real y efectiva. La STS 11/2020, Sala Cuarta, de 6 de febrero de 2020, donde se reconoce la obligación de jueces y tribunales de incorporar la perspectiva de género en la potestad jurisdiccional, extremo corroborado por otras sentencias del mismo orden del TS. Incluso cita un auto de la sala tercera del TS, de 2 de febrero de 2023.

Todo ello desemboca en lo previsible: tampoco hay vulneración de la libertad de cátedra porque la opción del legislador «está desprovista de orientación ideológica y no impone a los docentes perspectiva ideológica alguna, más allá del respeto a los valores constitucionales». Esto lo dice literalmente, insistimos, el Tribunal Constitucional español[20].

---

las mujeres en el mundo Árabe-Islámico». En LEDEZMA CASTRO, C.; y PAMPILLO BALIÑO, J.P.; *Construyendo un mejor Derecho. Perspectivas internacionales comparadas*, Tirant lo blanch, México, 2023, p. 63 y ss.

20 Por lo demás, la jurisprudencia constitucional sentada en la STC 44/2023 ha sido aplicada y consolidada en la STC 78/2023, de 3 de julio, donde se ampara a una mujer que tuvo que interrumpir voluntariamente su embarazo en una comunidad autónoma diferente a la de su lugar de residencia. *Vid.* GÓMEZ FERNÁNDEZ, I.; «Sentencia del

Se formula voto particular conjunto suscrito por los magistrados don Ricardo Enríquez Sancho, don Enrique Arnaldo Alcubilla y don César Tolosa Tribiño. Interesa destacar dos aspectos. Uno es la consideración que les merece la tesis de la Constitución como árbol vivo. Otro es lo que opinan respecto al FJ 10 de la sentencia de la mayoría.

Respecto a la primera cuestión, los magistrados discrepantes observan que «el control de constitucionalidad no se proyecta sobre «modelos» legales (a la postre, opciones políticas que cada legislador plasma en leyes), sino sobre concretos textos legislativos». Además, recuerdan que «la Constitución no es una hoja en blanco que pueda reescribir el legislador a su capricho, así como tampoco es una hoja en blanco que pueda reescribir, sin límites, su supremo intérprete. La realidad social puede conducir a que se vuelvan obsoletas algunas previsiones constitucionales, o a que se manifieste la necesidad de cambio de estas, pero para ello está prevista la reforma constitucional. La Constitución no solo impone límites al legislador (si no, no sería Constitución), sino también al Tribunal Constitucional; uno y otro han de respetar la rigidez de las normas constitucionales por la sencilla razón de que ni el legislador ni este tribunal pueden sustituir al poder constituyente, erigiéndose en una especie de poderes constituyentes alternativos. De otro modo, se quebrantaría el concepto mismo de Constitución». Inapelable argumento.

Respecto a la segunda cuestión, el voto particular conjunto entiende que la sentencia de la mayoría incurre, una vez más, en exceso de jurisdicción, toda vez que enjuicia la perspectiva de género contenida en preceptos de rango ordinaria, amén de subrayar que la reiterada práctica de los colegas de la mayoría de citar repetidamente textos y acuerdos internacionales no dota a estos de capacidad para actuar como canon de constitucionalidad.

En el voto particular que formula la magistrada doña Concepción Espejel Jorquera se hacen consideraciones de sumo

---

Tribunal Constitucional 44/2023, de 9 de mayo de 2023. Sentencia del Tribunal Constitucional 78/2023, de 3 de julio de 2023. Una jurisprudencia nueva sobre la interrupción voluntaria del embarazo», *Ars Iuris Salmanticensis: Revista europea e iberoamericana de pensamiento y análisis de derecho, ciencia política y criminología*, n.º 2, vol. 11, 2023, pp. 257 y ss.

interés. En lo que aquí interesa, destacaremos que, a juicio de la magistrada, «(...) la evidente y reconocida perspectiva de género, que inspira la ley orgánica impugnada, se refleja en la ausencia de referencia alguna al padre, o presunto padre, y en general al varón. Lo que no deja de ser contradictorio con todas las reformas legislativas que han introducido medidas dirigidas a lograr la implicación de los varones, en condiciones de igualdad con las mujeres, en la crianza y cuidado de los hijos (...), la extensión del permiso de lactancia a favor de los padres, la ampliación del derecho de paternidad o el reconocimiento de permisos y licencias para la conciliación de la vida familiar, laboral y personal, y, por supuesto, el derecho a investigar la paternidad que reconoce el art. 39.2 de la Constitución (...). Sin embargo, entre las políticas públicas a las que la Ley Orgánica 2/2010 alude no se contempla ninguna encaminada a implicar en la crianza y educación de los hijos al varón (...)». En otras palabras, también de la magistrada, «El mencionado enfoque como derecho de autodeterminación de la mujer fomenta la irresponsabilidad del varón en las consecuencias de las relaciones sexuales».

Alude posteriormente a las dudas que le genera el empleo de esa perspectiva de la mayoría del TC de que se debe interpretar la Constitución atendiendo al concreto contexto histórico. La magistrada Espejel precisa «que lo que considera la sentencia como «realidad social» no es una realidad demostrada empíricamente, lo que hubiera exigido tener en cuenta, con rigor y ajustándose a parámetros objetivos, la opinión de todos los ciudadanos sobre una materia tan transcendental como es la regulación del aborto, sino que se centra solo en la visión del problema que ofrecen determinados grupos y personas, políticamente muy activos, favorables a dejar al arbitrio de la mujer la interrupción voluntaria del embarazo. De modo que la trascendencia en los medios de comunicación de las manifestaciones públicas de estos colectivos produce el efecto de extrapolar sus ideas para atribuirlas al conjunto de la sociedad». Así las cosas, «el *derecho a decidir*, en materia de interrupción voluntaria del embarazo no está expresamente reconocido en ningún tratado internacional suscrito por España. Más bien, todo lo contrario, a tenor de expresas declaraciones contenidas en dichos instrumentos (...)». Y cita acto seguido la Declaración Universal de los Derechos Humanos, de 1948; el Pacto Internacional de derechos civiles y políticos de 1966; la Declaración de Naciones

Unidas de los derechos del niño, de 1959; y la Convención sobre los derechos del niño, de 1989.

El voto particular recuerda que los dictámenes de los comités de la ONU, entre los que se incluyen recomendaciones a los estados parte, carecen de funciones jurisdiccionales, tal y como se dijo en las SSTC 46/2022, de 24 de marzo y 11/2023, de 23 de febrero. Igualmente recuerda, con cita de la STC 184/2021, que no le corresponde al TC examinar la observancia o inobservancia de los tratados internacionales sino comprobar el respeto o infracción de los de los preceptos constitucionales denunciados, *ex* artículo 10.2 CE. Esto es: los tratados internacionales suscritos por España en materia de derechos humanos son un elemento más que integra el canon de interpretación, pero en ningún caso cabe elevarlos a canon de interpretación único o, menos todavía, a canon de validez de la norma enjuiciada.

c. La perspectiva de género en la STC 48/2024, de 8 de abril

En el presente epígrafe se traerá la STC 48/2024, de 8 de abril, dictada por el Tribunal Constitucional en un proceso de amparo que trae causa de la impugnación de dos sentencias de la jurisdicción ordinaria y de cómo ambas aplicaron el atenuante de dilaciones indebidas, de forma presuntamente lesiva, respecto del derecho fundamental a la tutela judicial efectiva, en relación con el derecho a no soportar malos tratos, y respecto del derecho a la igualdad y no discriminación.

Para abordar con solvencia dicho análisis, en primer término, se explicitarán los antecedentes de hecho del supuesto. En segundo lugar, se extracta la fundamentación jurídica en la que se apoya la mayoría del Tribunal Constitucional para decidir el caso. En tercer lugar, se presta atención a lo que se dice en los votos particulares emitidos por los magistrados de la minoría. En cuarto lugar, se liberan algunas reflexiones críticas que han surgido al hilo de la lectura de todo lo anterior. Se pone el punto final con una reflexión global que proviene de intentar comprender el motivo de introducir criterios ajurídicos en el Derecho Constitucional.

En primer lugar, explicitemos los antecedentes de hecho del caso. En 2011 se presentó demanda judicial contra quien era por aquellos tiempos profesor y decano de la facultad de educación de la Universidad de Sevilla, por unos hechos (en aquel momento presuntamente) delictivos acaecidos entre 2006 y 2010. En 2011 un juzgado de instrucción incoa diligencias previas, donde se toma declaración a las partes y a los testigos y se aportan diversas pruebas documentales. En 2015 dicho juzgado dicta auto de apertura de juicio oral contra el demandado, por tres delitos de abusos sexuales, un delito de lesiones, un delito de acoso laboral y un delito de acoso sexual. En 2016 el juzgado de lo penal dicta sentencia condenatoria por la comisión de tres delitos continuados de abusos sexuales y un delito de lesiones. En 2017 el mismo órgano establece la prohibición para el demandante de aproximarse a las tres perjudicadas a distancia inferior a trescientos metros o de comunicarse con ellas, por cualquier vía, durante cinco años.

En 2019 la Audiencia Provincial estima parcialmente el recurso presentado por el condenado en instancia y revoca la resolución anterior en un doble sentido. Por un lado, aprecia la circunstancia atenuante de dilaciones indebidas como muy cualificada en los tres delitos de abusos sexuales, rebajando en dos grados la pena impuesta por la comisión de tales delitos. Por otro, absuelven al acusado del delito de lesiones. La apreciación de dicha atenuante se ancla en la jurisprudencia del Tribunal Supremo, en concreto en la STS 360/2014, de 21 de abril, donde se establece que ocho años es un lapso suficiente para apreciar un retraso anormal. La Audiencia arguye que desde la comisión del primer hecho probado (finales de 2006) hasta dictarse sentencia condenatoria y ahora impugnada (diciembre de 2016) han transcurrido más de ocho años, lo que justifica apreciar la atenuante como muy cualificada. A mayores, la denuncia fue interpuesta dos años después de la comisión del último hecho imputado al recurrente y se han sucedido paralizaciones no imputables a él. Dicha Audiencia rechaza el incidente de nulidad de actuaciones, sustancialmente similar al recurso impugnatorio, aunque con el añadido de insuficiente «enfoque de género» en la toma de la decisión.

En 2020 el juzgado de lo penal suspende excepcionalmente la pena al demandado, a la vista de carecer de antecedentes penales, sufrir una enfermedad grave y haber hecho esfuerzos por reparar el daño, entre otros factores. En 2023, el mismo juzgado certifica que el condenado ha cumplido la pena en toda su extensión: ha pagado la totalidad de la multa impuesta, así como las indemnizaciones y costas, y ha completado los cursos formativos en educación sexual.

Ante tales resoluciones se presenta demanda de amparo. La recurrente invoca la vulneración de los derechos fundamentales a la tutela judicial efectiva (art. 24 CE) y a la igualdad y no discriminación (art. 14 CE), en relación ambos con el art. 9.2 CE y con los derechos a la integridad física y moral (art. 15 CE); así como la vulneración de los arts. 3 (prohibición de trato degradante), 6 (derechos a un proceso equitativo), 13 (derecho al recurso), 14 y 1 del Protocolo 12 (prohibición de discriminación), todos ellos del Convenio europeo de derechos humanos (CEDH), de los arts. 5 y 6 del Convenio del Consejo de Europa sobre la prevención y lucha contra la violencia contra la mujer y la violencia doméstica, hecho en Estambul el 11 de mayo de 2011 (*Convenio de Estambul*) y de los arts. 1 y 2 de la Convención de Naciones Unidas sobre la eliminación de todas las formas de discriminación contra la mujer (*CEDAW*)[21].

En cuanto a la aplicación de la atenuante de dilaciones indebidas en grado de muy cualificada, se denuncia, en primer término, que la sentencia de apelación es incoherente y contraria a la jurisprudencia del Tribunal Supremo en cuanto a la fijación de la fecha en que debe comenzar a computarse el tiempo para la apreciación de la atenuante. La sentencia toma la fecha del primero de los hechos cometidos por el condenado como fecha de inicio del cómputo del tiempo de tramitación de la causa a efectos de determinar la aplicabilidad de la atenuante, lo que, además de incoherente y contrario a la jurisprudencia del Tribunal Supremo, ignora el principio de igualdad entre hombres y mujeres y el enfoque de género, vulnerando los arts. 14 y 9 CE, y resulta discriminatorio para las mujeres, a las que exige una «conducta heroica» (denunciar desde el primer abuso sufrido), dejando de lado todo lo que se conoce actualmente sobre la dificultad de denunciar conductas de acoso y abuso sexual, y, en particular, las dificultades que sufrieron las víctimas en este caso para poder denunciar al hombre que ostentaba mayor poder en la facultad.

---

21 A este respecto puede consultarse varios trabajos compilados en López Martín, A.G.; *La igualdad de la mujer en el siglo XXI: realidad o utopía*, Dykinson, Madrid, 2024.

Se alega que la sentencia también se aparta, en perjuicio de las víctimas y sin dar razonamiento alguno, de la jurisprudencia del Tribunal Supremo que ella misma cita en cuanto a la duración exigida para que el retraso pueda dar lugar a la aplicación de la atenuante en grado de muy cualificada —ocho años—. Así, el plazo total de duración del procedimiento, desde su incoación hasta el dictado de sentencia en primera instancia, fue de tan solo cinco años y once meses, no de más de ocho años como erróneamente se afirma en la sentencia de apelación.

La recurrente también argumenta, finalmente, que en el caso de autos no se daba la situación que el legislador pretende reparar con la atenuante de dilaciones indebidas, a saber, compensar al condenado que ha padecido perjuicios extraordinarios con ocasión del retraso en el procedimiento y que, durante su tramitación, se ha rehabilitado. Afirma que la sentencia desconoce que durante la tramitación de la causa el luego condenado no estuvo sujeto a medida cautelar de ninguna clase, disfrutó de su puesto en la universidad con remuneración completa y pleno apoyo de su grupo de afines, mantuvo su posición de poder, y alcanzó una edad próxima a la jubilación, que, además, le favorecía a efectos de solicitar la suspensión de la condena o beneficios penitenciarios. Además, la sentencia pasaría por alto la conducta procesal del condenado que, en todo momento, dentro y fuera del proceso, ha venido manteniendo —incluso de forma pública a través de un blog— que la culpa era de las víctimas, que habían organizado un complot contra él, no mostrando signo alguno de arrepentimiento por lo ocurrido.

La demanda solicita, como petición principal que se dejen sin efecto tanto la sentencia de la Audiencia Provincial de 2019, en lo referente a la reducción de la pena por aplicación del atenuante de dilaciones indebidas en grado de muy cualificada, y en lo referente a la no aplicación del delito de lesiones, como el auto de inadmisión del incidente de nulidad de actuaciones, de 5 de mayo de 2020, restableciéndose a la condena inicial fijada por la sentencia del juzgado de lo penal, o acordando, en su defecto, una reducción de la pena inferior a la practicada por la audiencia provincial.

Con carácter subsidiario también solicitó que se declarase que su Auto de 2020 —por el que acordó no admitir a trámite el incidente excepcional de nulidad de actuaciones—

vulneró el derecho de la demandante al recurso (arts. 24.1 CE y 13 CEDH); y, como medio indispensable para restablecerlo, acuerde la nulidad de dicho auto con retroacción de actuaciones para que se dicte nueva resolución judicial respetuosa con los derechos fundamentales de la demandante de amparo.

El Tribunal Constitucional admite a trámite el asunto en 2022. En las alegaciones del condenado se esbozan las razones por las que se opone a la estimación del recurso de amparo. Y una de tales razones tiene que ver con la perspectiva de género. Así, dirá el condenado que «pese a que la demanda de amparo justifica en gran medida las vulneraciones constitucionales que invoca en la ausencia de perspectiva de género de la resolución impugnada, no existe ni una norma, ni jurisprudencia del Tribunal Supremo o del Tribunal Constitucional que indiquen en qué consiste la aplicación de la referida perspectiva de género, lo que conduce a una incertidumbre que dificulta notablemente su incorporación por los órganos judiciales. Ante tal incertidumbre, no tiene sentido esgrimir la ausencia de perspectiva de género como fundamento de todo el recurso de amparo por cuanto no cabe reprochar al tribunal sentenciador el haber prescindido de ella».

El Ministerio Fiscal defiende unas alegaciones detalladas en cuanto a la perspectiva de género, haciendo notar su encaje constitucional en los artículos el 1.1, 9.2 y 14 CE. Hubiera sido interesante poder leer dicha argumentación en extenso, pero la sentencia constitucional la omite. No obstante, resaltemos desde ya que para justificar dicha perspectiva de género se acude al artículo 4 de la Ley de Igualdad de 2007. Y dicho precepto no establece la perspectiva de género en ninguno de sus términos sino la igualdad de trato y de oportunidades a la hora de interpretar y aplicar normas jurídicas.

A continuación, hagamos lo propio con la fundamentación jurídica. El Tribunal Constitucional centra el objeto de la demanda (FJ 1). La recurrente en amparo pretende que se anule la sentencia de la Audiencia Provincial de 2019, que estimó parcialmente el recurso del demandado, aplica la atenuante como muy cualificada por dilaciones indebidas y absuelve al acusado del delito de lesiones psicológicas, así como el auto de dicha Audiencia por el que rechaza el incidente de nulidad de actuaciones, porque entiende que lesionan el derecho a la tutela judicial efectiva del artículo 24.1 CE en relación con el derecho a la igualdad y a la no discriminación reconocido en el artículo 14 CE, así como la quiebra del derecho a la integridad moral, contemplado en el artículo 15 CE.

Respecto a las diferentes quejas, el Tribunal Constitucional, en primer lugar, recuerda que los tratados internacionales no constituyen canon autónomo de validez de las normas y actos de los poderes públicos, porque el parámetro de control de constitucionalidad se conforma con los preceptos constitucionales. Los textos y acuerdos internacionales, especialmente los que declaran derechos fundamentales, son una fuente interpretativa que contribuye a la mejor identificación del contenido de los derechos cuya tutela se pide a dicho Tribunal (FJ 2).

En segundo lugar, el TC entiende que el derecho a la tutela judicial efectiva comprende, entre otras cosas, el derecho a obtener una sentencia que no incurra en arbitrariedad, irrazonabilidad o error patente. Enfatiza que debe distinguirse claramente entre la arbitrariedad y la discrepancia con la interpretación y aplicación judicial. Al igual que recalca que la principal característica jurídica de una sentencia es que se encuentre motivada, explicitando las razones en el juicio que conducen al fallo. El TC deja claro que no puede pronunciarse sobre cómo el juzgador interpreta y aplica las normas (F J 3).

En tercer lugar, respecto a la revocación de la condena por el delito de lesiones psicológicas, tanto la recurrente como el Ministerio Fiscal creen que integrar el daño psicológico en el delito de abusos sexuales es irrazonable pues, según su parecer y dada la enjundia del perjuicio, debía integrar el delito autónomo de lesiones, con su correspondiente pena. Así, la interpretación realizada por la Audiencia tampoco se atiene al mandato igualitario del artículo 4 de la Ley de Igualdad.

El Tribunal Constitucional no dará la razón a la recurrente. Recuerda que la jurisdicción constitucional ha configurado el derecho a la acción penal como un instituto que no incluye el derecho material a obtener una condena y una pena. La Audiencia aplica los criterios del TS para este tipo de casos y llega a la conclusión de que no concurren todos los elementos que exige el delito de lesiones, como tampoco consta acreditado «el conocimiento y la voluntad del acusado de causar las lesiones como las descritas en los informes ratificados en el plenario, ni la fecha en que se produjeron dichas lesiones, ni los días de impedimento para sus ocupaciones habituales, ni el tratamiento psiquiátrico prescrito para curar de las mismas», lo que determina la absolución del acusado por aplicación del principio *in dubio pro reo*, sin perjuicio de la indemnización que pudiera corresponder a la perjudicada por las secuelas sufridas como consecuencia del delito continuado de abusos sexuales». Para satisfacer la exigencia de la demandante, el Tribunal debería hacer una nueva valoración de los hechos probados, extremo vedado a la jurisdicción constitucional. La sentencia de la Audiencia es, en fin, razonable, resulta motivada y congruente con lo pedido (FJ 4).

El principal argumento para el amparo llega cuando el Tribunal Constitucional analiza la queja relativa a la aplicación de la atenuante de dilaciones indebidas como muy cualificada. La Audiencia fundamentó ese criterio en dos razones. Por un lado, la duración general del proceso judicial, arguyendo dicha Audiencia que «aunque era cierto que la complejidad de la causa resulta evidente tan solo a la vista de la extensión de los recursos de apelación formulados [...] también lo es que desde la comisión del primer hecho declarado probado a finales de 2006 hasta que se dictó la sentencia impugnada, el 16 de diciembre de 2016, ha transcurrido un plazo superior a ocho años lo que justifica la apreciación de la atenuante de dilaciones extraordinarias como muy cualificada». Más adelante, al examinar los efectos de dicha estimación en relación con la pena, se argumentó que «la concreta extensión de la pena impuesta [...] resulta desproporcionada al concurrir la circunstancia atenuante de dilaciones indebidas que, en este caso, consideramos debe apreciarse como muy cualificada [...] no solo en atención al tiempo transcurrido desde la comisión del primer episodio en el año 2006, sino porque la denuncia fue interpuesta dos años después aproximadamente de la comisión del último hecho imputado al recurrente y constan paralizaciones relevantes en la tramitación de esta causa no provocadas por la actuación del acusado». Por otro lado, la Audiencia entiende que la interposición de la denuncia dos años después de acaecidos los hechos y las constantes paralizaciones del proceso no imputables al demandado eran base suficiente para decretar la atenuante como muy cualificada.

El Tribunal Constitucional no comparte ninguno de ellos. En cuanto al primer argumento, el TC cree incontrovertible que el artículo 21.6 del Código Penal determinada las dilaciones indebidas únicamente en base a la duración del proceso judicial. Es más, sigue el TC, «el hecho de que la resolución impugnada haya tomado en consideración para apreciar la atenuante muy cualificada de dilaciones indebidas un plazo de tiempo en el que no estaba siquiera incoado el proceso resulta del todo irrazonable». Además, computar como *dies a quo* el momento en que el condenado cometió el primer delito supone utilizar dicha circunstancia para beneficiar a quien ha delinquido de forma continuada, lo que también es irrazonable.

El segundo argumento tampoco convence al Tribunal Constitucional. El hecho de que la denuncia se interpusiera dos años después de la comisión del delito es «manifiestamente irrazonable» dado que nuestro Derecho no prevé tal cosa. Para el TC responsabilizar a las víctimas de dilaciones indebidas, que deben referirse exclusivamente a la tramitación judicial y a la diligencia de los tribunales, es también irrazonable. Es más: el TC insiste en que «la recurrente en amparo había comunicado los hechos a su director de departamento en la Universidad de Sevilla desde un momento muy anterior a la presentación de la denuncia penal; y que, ante la ausencia de una actuación eficaz por parte de este, presentó, junto con las otras dos víctimas, denuncia formal ante el vicerrectorado el día 3 de noviembre de 2010; siendo finalmente la propia universidad la que formuló la denuncia penal tres meses después, a la vista del resultado de la información reservada tramitada a raíz de aquella comunicación formal».

El Juez Constitucional refuerza la argumentación con una afirmación discutible. Dice que la sentencia impugnada no tuvo en cuenta «el contexto en el que se produce la actuación delictiva» y «soslaya la perspectiva de género» que el Convenio de Estambul obliga a observar en este tipo de violencia.

El TC afirma que: «tal forma de razonar desconoce las repercusiones específicas que los delitos relacionados con la violencia sexual tienen sobre sus víctimas, y cómo afectan a su conducta en relación con la denuncia y persecución del delito, desconociendo la situación de desventaja y desprotección de las víctimas. Más si cabe en este caso en el que estas, tal y como se desprende del relato de hechos probados de la sentencia de instancia, podían temer, de forma racional que, si denunciaban, podrían perder incluso su empleo.

El abuso sexual llevado a cabo de forma continuada durante más de tres años se produce en el marco de una relación laboral de carácter vertical en la que el agresor, decano entonces de la facultad y catedrático del departamento al que las víctimas pertenecían, les advirtió a estas, mujeres jóvenes que acaban de emprender su carrera docente e investigadora, que debían seguir siempre sus deseos e instrucciones. Resulta patente que las víctimas se encontraban en una clara situación de vulnerabilidad, con contratos de trabajo no permanentes y cuya renovación y promoción en su carrera académica dependía de la voluntad del agresor tal y como este les hizo saber a las víctimas. No tener en cuenta este contexto y responsabilizar a las perjudicadas por el delito de la demora en denunciar, no solo es irrazonable desde la perspectiva del art. 24.1 CE, sino que desconoce también el mandato de prohibición de discriminación por razón de sexo contenido en el art. 14 CE».

El TC recalca que la sentencia de apelación ignora por completo que los abusos sexuales forman parten de los delitos relacionados con la violencia de género, que constituye la forma más grave de discriminación contra la mujer, en vulneración del artículo 14 CE.

Por todo lo anterior, el TC considera que la sentencia impugnada, al apreciar la circunstancia atenuante de responsabilidad criminal de dilaciones indebidas en grado muy cualificado y rebajar en dos grados la pena impuesta al condenado, vulneró el derecho a la tutela judicial efectiva (art. 24.1 CE) en relación con el derecho a no ser discriminada por razón de sexo (art. 14 CE). No obstante, el alcance del fallo es necesariamente limitado porque la propia doctrina constitucional entiende que por razones de seguridad jurídica no se debe anular el fallo penal de autos. Tales razones se encuentran singularmente presentes en este caso, donde la pena que pretende anularse ha sido cumplida íntegramente por el condenado.

La sentencia de la mayoría fue contestada por dos votos particulares. Uno concurrente individual, suscrito por la magistrada Balaguer Callejón y otro concurrente conjunto suscrito por los magistrados Tolosa Tribiño y Arnaldo Alcubilla.

Respecto al primero, comienza la juez por abordar en el primer apartado «la perspectiva de género en el proceso penal». Entiende que la mayoría del Tribunal ha aplicado de forma insuficiente e insatisfactoria dicha perspectiva, «tan necesaria y oportuna en un amparo como el que resolvíamos en esta ocasión, que entiendo que debería haber sido más extensa».

En dicho sentido, el voto particular discurre por los cauces esperados. Alega que: «la perspectiva de género es un método de interpretación de un conflicto jurídico a través de un análisis que tenga como referencia a las mujeres en un juicio en el que el hecho de ser mujer es determinante y, por tanto, no cabe acudir a la supuesta neutralidad del Derecho. Esta perspectiva en la interpretación y aplicación del derecho deriva de la propia Constitución, que en los arts. 14 y 9.2 CE, reconoce el derecho a la igualdad, y ese derecho es desarrollado legislativamente en la Ley Orgánica 3/2007, de 22 de marzo, para la igualdad efectiva de mujeres y hombres». Y recuerda que el artículo 4 de esta impone la integración del principio de igualdad en la interpretación y aplicación de las normas, en los siguientes términos: «la igualdad de trato y de oportunidades entre mujeres y hombres es un principio informador del ordenamiento jurídico y, como tal, se integrará y observará en la interpretación y aplicación de las normas jurídicas». El párrafo anterior resulta un tanto impreciso.

En primer lugar, no hay nada parecido a la epistemología constitucional o a la interpretación constitucional que contenga la obligación de proceder con «perspectiva de género». No es un método aceptado comúnmente en la interpretación constitucional. Planteamientos como el de este voto pretenden hacer ver que sí, basados en la fuerza de los hechos y la *auctoritas* de la jurisdicción constitucional.

En segundo lugar, es falaz decir que la perspectiva de género «deriva de la propia Constitución». Cuando se hizo la Constitución, como cuando se hicieron el resto de Constituciones vigentes hoy en día, las tesis feministas ya estaban en boga y en ninguna de ellas se incluyó nada parecido a «la perspectiva de género», mucho menos como pauta interpretativa. En tercer lugar, cuando se cita el artículo 4 de la Ley de Igualdad como ejemplo de perspectiva de género se hace caso omiso a su tenor literal, que habla de «igualdad de trato y de oportunidades» no de igualdad de resultado impuesta mediante una medida ad hoc, adaptable al gusto de quien la esgrime.

El voto particular continúa aludiendo a «relevantes textos internacionales» para llegar al reconocimiento jurisdiccional de la perspectiva de género mediante una sentencia del Tribunal Supremo de 2022 de la Sala de lo Social. Recordemos que el apartado en el que se dice esto tiene que ver con el ámbito penal y no parece que sea extrapolable los criterios de la jurisdicción social a la criminal. El voto apela de nuevo al artículo 4 de la Ley de Igualdad, arguyendo tautológicamente que es un «criterio hermenéutico imprescindible para la interpretación de las normas jurídicas».

Retoma los tratados internacionales en la materia (Convenio de Estambul y CEDAW), y las recomendaciones del órgano de protección del segundo para reiterar que «la perspectiva de género implica que los juzgadores sean conscientes de que están en un contexto delictivo en que las mujeres son las víctimas propiciatorias porque las conductas penadas se llevan a cabo por hombres que se prevalen de su posición de poder, privilegio o superioridad. Así, no cabe acercarse al estudio de estos supuestos de una forma falsamente neutral puesto que esto solo supondrá la revictimización de las mujeres. Ello supone que los operadores jurídicos entiendan cual es la situación a la que se enfrentan estas mujeres una vez que han sido víctimas de violencia sexual, que no solo les genera, en su caso, un daño físico, sino que puede ir mucho más allá generando daños psíquicos, a veces leves o a veces muy graves, dependiendo de cómo cada mujer somatice el sufrimiento padecido y de cual haya sido la intensidad y la duración de las conductas sexualmente violentas contra ellas.

Es más, dar un enfoque de género a la justicia penal implica saber que sufrir violencia sexual no solo afecta física y psicológicamente a las mujeres, sino que, además, puede impactar gravemente en el bienestar psicosocial de la víctima, su entorno y relaciones familiares, a su vida íntima y su carrera profesional. Interpretar y aplicar la norma con perspectiva de género es, por lo tanto, reconocer la plenitud de los derechos de las mujeres a desarrollar su personalidad de forma autónoma, en libertad y exenta de violencia».

Eso le sirve a la magistrada Balaguer Callejón para afirmar que la sentencia de la mayoría, de haber aplicado los criterios que ella propone, habría resultado diferente. Al aceptar el relato de hechos probados, debía haber apreciado la autonomía del delito de lesiones psicológicas y no subsumir las graves dolencias padecidas por la recurrente en amparo en el tipo de abusos sexuales. Eso carece de perspectiva de género, según Balaguer Callejón, perspectiva que podría haberse cubierto de hacer caso a las excepciones que el Tribunal Supremo ha establecido en dicho sentido (en otras palabras: la regla general de los casos es la subsunción, pero hay excepciones: aplicando la perspectiva de género esta debía ser una pero no lo fue).

Lo más discutible es que el voto reconoce que «si bien, desde una aproximación neutral y aséptica a los razonamientos de la audiencia provincial, cabría defender la corrección de la motivación de su decisión para descartar la concurrencia del delito de lesiones psicológicas, el examen de dicha motivación con una perspectiva de género impide defender dicha conclusión. En efecto, la carencia de esa perspectiva por la audiencia provincial es lo que le permite concluir que no cabía considerar la autonomía de las lesiones psicológicas sufridas por la recurrente».

Remata el voto concurrente alegando que la audiencia provincial adoptó una decisión «irrazonable» porque «deconstruyó su argumentario a través de una nueva interpretación que perpetuaba la situación de poder socio-sexual inherente a la discriminación entre hombres y mujeres, sin poner en duda que exista un daño psicológico común y estándar también inherente a todos los abusos sexuales, y, que, por el contrario, la afectación impacta en toda la esfera de bienestar psico-social de la mujer. La audiencia provincial situó a la víctima y al criminal en una posición de falsa igualdad que acabó agravando y revictimizando, en nuestro caso, a doña L.G.A».

No es de extrañar que la Audiencia provincial sea acusada en el voto concurrente de proyectar un «sesgo sexista» cuando trata el tema de las dilaciones indebidas, por entender como tal la denuncia de los hechos dos años después de su comisión. Y que, dada la relevancia de la sentencia, se debió haber hecho un examen más detallado de la aplicación discriminatoria» en relación con los derechos de la recurrente, en aras de la «necesidad constitucional (¿?) de adoptar la perspectiva de género en los asuntos judiciales a violencias contra las mujeres».

El voto concurrente de los magistrados Tolosa Tribiño y Arnaldo Alcubilla resulta bastante más enfocado y argumentado en Derecho. La principal discrepancia que manifiestan tiene que ver con el argumento seguido por la mayoría de considerar irrazonable que la audiencia provincial se basara, para apreciar como muy cualificada la atenuante de las dilaciones indebidas, en la fecha del hecho y en la demora a la hora de interponer la denuncia.

Recuerdan los magistrados que la jurisprudencia constitucional indica que la configuración legislativa de la atenuante es decisión libérrima del legislador, por lo que no forma parte del derecho fundamental del artículo 24 CE. La razón de ser de la atenuante por dilaciones indebidas trata de compensar el daño causado al acusado por el gravamen sufrido, provocado por la incertidumbre del resultado final del proceso, especialmente acusado si se prolonga indebidamente.

Los dos magistrados están de acuerdo en que la Audiencia provincial cita y aplica correctamente la jurisprudencia del Tribunal Supremo, ajustándose a los parámetros de la misma en cuanto a tomar en consideración la fecha de los hechos y el retraso en la interposición de la denuncia. Lo que no comparten es que dicha Audiencia proceda de tal guisa porque tal guisa supone desbordar el tenor literal del artículo 21.6 del Código Penal: en efecto, el precepto establece que la dilación indebida deba ocurrir «durante la tramitación del procedimiento» y no antes. De ahí que juzguen irrazonable la sentencia de la Audiencia: no por error sino por desbordamiento de la literalidad de la norma.

La parte más jugosa del razonamiento de los jueces constitucionales llega a continuación. En efecto, entienden igualmente irrelevante a los efectos la particular naturaleza del delito enjuiciado, que la víctima fuera hombre o mujer, o que fuera más o menos vulnerable por la relación vertical con el agresor, o que el acoso sexual sea o no un delito de violencia de género. Ninguno de esos parámetros configura el artículo 21.6 CP, que ni atiende ni distingue entre tales criterios. Por ello dirán los magistrados en oposición que «las consideraciones que hace la sentencia sobre el denominado contexto son absolutamente prescindibles por inconexas y ajenas a la cuestión debatida (…). Su introducción por vía interpretativa para restringir la apreciación de la atenuante y consiguientemente evitar la rebaja de la pena desborda el tenor literal posible del precepto, que no discrimina en su aplicación en atención a la naturaleza del delito o a las circunstancias atinentes a la víctima, ni a las relaciones con su agresor». Por ello, «el razonamiento de la sentencia (…) supone elaborar parámetros interpretativos al margen de la configuración normativa y de la función constitucional que nos corresponde».

Desde la crítica respetuosa, querríamos dejar constancia, en primer lugar, de la gravedad y dureza que reviste el relato de hechos probados que desemboca, en última instancia, en el recurso de amparo. Cuando se trata de abusos de poder que se traducen, lamentablemente, en abusos de todo orden (también sexuales y psicológicos), solo resta ser lo más prudentes, compasivos y mesurados que se pueda. La crítica académica de argumentos ofrecidos por la jurisprudencia constitucional no puede empañar ni pretende opacar el dolor y el sufrimiento de las tres mujeres abusadas a manos de quien se privilegió y explotó la posición de poder que ostentaba sobre ellas. En ocasiones hay que acudir al román paladín para expresar las cosas con toda claridad: comportamientos así son de todo punto intolerables y repugnan al más elemental sentido de la decencia y del decoro que nos debemos los seres humanos y, huelga decir, atenta gravemente contra el quehacer académico recta y noblemente entendido.

Dicho lo anterior, vayamos a las reflexiones críticas que nos induce la lectura de la sentencia respecto del objeto principal de nuestros desvelos: la perspectiva de género, un concepto que sigue siendo fuente de quebraderos de cabeza por su indeterminación y brumosidad[22]. Vaya por delante el pesimismo de ver cómo se resuelve en sede constitucional un asunto dieciocho años después de la comisión de los hechos que dieron lugar al mismo. Ciertamente desazonador a la par que triste, si reparamos en que una justicia excesivamente lenta deja de ser justicia (*justicia diferida es justicia denegada*). También queremos dejar constancia de que el grueso de la crítica que vamos a realizar ahora, con las salvedades que el lector podrá observar a continuación, ya se ha formulado al hilo de sentencias constitucionales recientes donde también se empleaba —o se intentaba— la perspectiva de género[23].

---

22 El profesor García Roca, una vez proclama la perspectiva de género como un paso adelante en la igualdad real, arguye que «se ha puesto de manifiesto que el concepto de perspectiva de género es difícil de definir y se presta a confusión». *Vid.* GARCÍA ROCA, J.; *Lecciones de Derecho Constitucional*, Civitas, Cizur Menor, 2023, p. 401.

23 *Vid.* ÁLVAREZ RODRÍGUEZ, I.; «Comulgar con ruedas de molino: la perspectiva de género no es ideología según el Tribunal Constitucional»,

Lo primero que llama poderosamente la atención es que, si se piensa fríamente, la inclusión de la perspectiva de género no implica nada a efectos relevantes porque, de omitirse por el Tribunal Constitucional (tímida alusión en su sentencia, por lo demás extemporánea e innecesaria, como dirá el voto de los magistrados Tolosa Tribiño y Arnaldo Alcubilla) nada hubiera cambiado de la argumentación y del fallo de la sentencia. Dicho en otros términos, la mayoría del TC podría haber decidido como decidió sin acudir a esa confusa medida. Podría haber apreciado que las sentencias *a quo* no garantizaron el derecho a la tutela judicial efectiva por basarse en una interpretación inaceptable de los motivos que llevan a apreciar las causas atenuantes, como era el caso.

Otro dato que no resulta menos llamativo es que la mayoría del TC considere que la apreciación de las dilaciones indebidas como atenuante muy cualificado quiebra el derecho a la tutela judicial efectiva cuando, como recuerdan los jueces Tolosa y Arnaldo, tal instituto es de configuración legal y no constitucional. Por ende, el legislador es perfectamente libre de incluirlo o no y, de hacerlo, decidir bajo qué tenor literal. Tal apreciación se refuerza a ojos de quien esto escribe cuando el TC decide que también se ha lesionado el derecho a la no discriminación por razón de sexo. ¿Sobre qué base? ¿Con qué argumentos? La atmósfera que rodea la decisión del juez constitucional mayoritario conduce a pensar que primero se adoptó la decisión de fondo y posteriormente se procedió a encajar la argumentación que justificaba tal decisión. Es indudable que la mujer recurrente, como las otras dos afectadas, sufrieron lo indecible. Y entendemos más que legítimo pretender darles remedio y satisfacción en sede constitucional. Pero es discutible que eso justifique la adopción de criterios de justicia material. Abiertas según qué puertas, ya no hay marcha atrás.

También nos ha resultado llamativa una parte del razonamiento del Tribunal Constitucional. Si se ha entendido bien, la mayoría del TC argumenta que los abusos sufridos por la recurrente en amparo constituyen violencia sexual y que dicha violencia sexual es claramente perseguida y castigada por un tratado internacional como el Convenio de Estambul,

---

Diario La Ley, n.º 10506, 2024; y ÁLVAREZ RODRÍGUEZ, I.; «La perspectiva de género en la jurisprudencia constitucional», *Diario La Ley*, n.º 10475, 2024.

de plena vigencia en España. Y hay que estar al artículo 49.2 de dicho tratado, donde se establece que:

> «Las Partes adoptarán las medidas legislativas o de otro tipo necesarias, de conformidad con los principios fundamentales de los derechos humanos y teniendo en cuenta la perspectiva de género en este tipo de violencia, para garantizar una investigación y un procedimiento efectivos por los delitos previstos en el presente Convenio».

El Convenio de Estambul exige, pues, una investigación y un procedimiento efectivo para combatir este tipo de delitos. La duda que surge —y que no se aclara en la sentencia— es por qué la jurisdicción constitucional considera tácitamente que los procedimientos sustanciados en vía interna no cumplen tales requerimientos. Por no mencionar que no es cierto que «se responsabilice a la víctima del retraso en denunciar». Sucede que las dilaciones indebidas, en sí mismas, constituyen un atenuante previsto por nuestro ordenamiento jurídico, más allá de cuándo se interponga la denuncia, del tipo de delito que se esté ventilando o el sexo de las partes. Si la afectada hubiera denunciado en tiempo y forma (¿qué marca eso? ¿cómo se determina?) pero, por la razón que fuere, los procedimientos jurisdiccionales se hubieren dilatado en el tiempo de forma inadmisible, los tribunales que conocieran del recurso podrían haber dictaminado dilaciones indebidas, con la consiguiente rebaja en la pena. Dicho en otros términos: no se puede ni se debe aplicar selectivamente el atenuante de dilaciones indebidas, mucho menos modularlo «con perspectiva de género» en función de quién sabe qué intereses.

A ese respecto haremos dos consideraciones. Por un lado, la jurisprudencia del TEDH exige un mayor rigor y celo en materia penal a la hora de resolver a tiempo los procesos judiciales de dicho orden. Por otro lado, que cosas como «plazo razonable» o «dilaciones indebidas» son conceptos jurídicos indeterminados que deberán observarse caso por caso y atendiendo a las circunstancias y complejidades del asunto concreto[24]. La jurisprudencia de Estrasburgo ha establecido una serie de criterios para determinar cuándo un

---

24   *Vid.* García Roca, J.; *Lecciones de Derecho Constitucional*, Civitas, Cizur Menor, 2023, p. 577 y ss.

proceso tiene una duración razonable: complejidad del caso (número de recursos y/o de partes y/o acusados), conducta del recurrente, comportamiento de las autoridades y, sobre todo, de los tribunales, así como la gravedad de las consecuencias en el sentido de perjudicar gravemente los «intereses vitales» de las partes (sobre todo, de los demandantes y acusados)[25].

Ha llegado el momento de hacer una valoración final de lo sucedido en el caso de autos, resuelto por la STC 48/2024, con la descorazonadora sensación de la irrelevancia de la perspectiva de género. En esta resolución dicha perspectiva ocupa un lugar menor y, en puridad, ello no resta un ápice de legitimidad a la sentencia. Más allá de que el amparo que decide otorgar el TC tiene visos de constituir un ejemplo de justicia material, lo interesante de la resolución es que podría haber omitido dicha perspectiva sin que la argumentación o el fallo se hubieran resentido.

Lo formularemos con una pregunta: ¿podría el TC haber dictado una resolución igual o muy similar a la que dictó sin mencionar ni aplicar la perspectiva de género? La respuesta es afirmativa. Es así como queda desnudo un concepto como la perspectiva de género, que tiene todo de ideológico y nada de jurídico. Por eso cada vez que se le intenta hacer valer acaba por chirriar el edificio donde pretende «colarse». Un encaje a golpes que recuerda la famosa frase de Mark Twain: a un hombre con un martillo en la mano todo le parecen clavos.

d. Perspectiva de género sin perspectiva de género: la STC 75/2024, de 8 de mayo

El Tribunal Constitucional dictó una sentencia donde desestima el recurso de inconstitucionalidad interpuesto por la formación VOX contra la norma penal de 2022 que castiga rezar en las inmediaciones de las clínicas abortivas. Creemos, por lo que se va a decir que, aunque la perspectiva de género no aparezca esta vez de forma explícita, la sentencia

---

25 *Vid.* Díez-Picazo, L.M.ª; *Sistema de derechos fundamentales*, Tirant lo blanch, Valencia, 2021, p. 429 y ss; y López Guerra, L.; *El Convenio Europeo de Derechos Humanos según la jurisprudencia del Tribunal de Estrasburgo*, Tirant lo blanch, Valencia, 2021, p. 153 y ss.

de la mayoría viene a ratificarla, pues esta nueva resolución es de alguna manera la continuación de «la sentencia del aborto», la STC 44/2023.

La Ley Orgánica 4/2022, de 12 de abril entró en vigor para castigar a quien rece en las inmediaciones de los llamados *abortorios*[26]. En efecto, el artículo 172 *quater* del Código Penal dice lo siguiente:

«1. El que para obstaculizar el ejercicio del derecho a la interrupción voluntaria del embarazo acosare a una mujer mediante actos molestos, ofensivos, intimidatorios o coactivos que menoscaben su libertad, será castigado con la pena de prisión de tres meses a un año o de trabajos en beneficio de la comunidad de treinta y uno a ochenta días.

2. Las mismas penas se impondrán a quien, en la forma descrita en el apartado anterior, acosare a los trabajadores del ámbito sanitario en su ejercicio profesional o función pública y al personal facultativo o directivo de los centros habilitados para interrumpir el embarazo con el objetivo de obstaculizar el ejercicio de su profesión o cargo.

3. Atendidas la gravedad, las circunstancias personales del autor y las concurrentes en la realización del hecho, el tribunal podrá imponer, además, la prohibición de acudir a determinados lugares por tiempo de seis meses a tres años.

4. Las penas previstas en este artículo se impondrán sin perjuicio de las que pudieran corresponder a los delitos en que se hubieran concretado los actos de acoso.

5. En la persecución de los hechos descritos en este artículo no será necesaria la denuncia de la persona agraviada ni de su representación legal».

El objeto del asunto es el recurso de inconstitucionalidad interpuesto por más de cincuenta diputados del Grupo Parlamentario Vox en el Congreso respecto del artículo único de la Ley Orgánica 4/2022, de 12 de abril, por la que se modifica la Ley Orgánica 10/1995, de 23 de noviembre, del Código

---

26 Pudimos decir algo al respecto en ÁLVAREZ RODRÍGUEZ, I.; «Rezar es constitucional», *The Objective*, 4 de junio de 2022. En línea: https://theobjective.com/elsubjetivo/zibaldone/2022-06-04/rezar-es-constitucional/. Último acceso: 12 de octubre de 2024.

penal, para penalizar el acoso a las mujeres que acuden a clínicas para la interrupción voluntaria del embarazo. Los recurrentes entienden que se han vulnerado múltiples derechos fundamentales, tales como el principio de legalidad penal (en concreto, la exigencia de taxatividad); las libertades ideológicas y de expresión; así como los derechos de igualdad, intimidad, reunión y manifestación. Uno de los argumentos relevantes que utilizan los recurrentes es el efecto desaliento que se produce sobre tales libertades, empleando la munición penal para castigar lo que entienden como ejercicio normal de tales libertades. La Abogacía del Estado, por su parte, interesa la desestimación del recurso. En lo que aquí interesa, destaca que la norma penal no persigue el mero acto de proferir expresiones u opiniones sino aquellas que «acosen y menoscaben» la libertad de las personas.

La mayoría del Tribunal Constitucional entiende que la penalización de la conducta consistente en la obstaculización del ejercicio del derecho a la interrupción voluntaria del embarazo, mediante actos molestos, ofensivos, intimidatorios o coactivos no representa un sacrificio innecesario o desproporcionado de los derechos fundamentales concernidos. La minoría del Tribunal Constitucional, por el contrario, cree que estamos ante un ejercicio de activismo judicial que la mayoría desborda con sus pautas interpretativas e inasumible desde el punto de vista constitucional.

El Tribunal Constitucional entiende que no se sancionan actos expresivos de la libertad de opinión o manifestación sino «conductas de acoso atentatorias a la libertad de terceros para el ejercicio de sus derechos» (FJ 5). Por tal motivo, analiza en el marco del juicio de proporcionalidad la restricción legal impuesta por la modificación penal, para saber si se ha producido un sacrificio innecesario de los derechos en liza. En primer término, el TC cree que la ley controvertida pretende proteger un interés con cobertura constitucional como es la garantía de la libertad de las mujeres para interrumpir de forma voluntaria su embarazo. Apoyándose en la STC 44/2023, y en segundo lugar, entiende la mayoría constitucional que se quiere proteger un ámbito de libertad formado por el pleno desarrollo de la igualdad entre hombres y mujeres «a través de la garantía plena de los derechos sexuales y reproductivos» de ellas, en conexión con su derecho a la salud y su derecho a la integridad física y moral. Todo ello conduce a la convalidación constitucional de la norma impugnada.

La sentencia cuenta con dos votos particulares, uno suscrito por el magistrado don Ricardo Enríquez Sancho (al que se adhiere el magistrado don César Tolosa Tribiño) y otro firmado por los magistrados don Enrique Arnaldo Alcubilla y doña Concepción Espejel Jorquera.

En lo que hace al primero, comienza el magistrado Enríquez por aclarar que la sentencia confunde y mezcla cuestiones tan dispares como el objeto del proceso, la carga aleatoria y la prerrogativa del TC de declarar inconstitucional por conexión preceptos no impugnados. Además, se le antoja que el fondo del asunto le resulta igualmente mal resuelto, sobre todo cuando constata cómo se hace gravitar la argumentación mayoritaria en torno a un derecho para él inexistente: el derecho fundamental a interrumpir voluntariamente el embarazo. Entiende que el artículo 15 CE protege un derecho de resistencia que faculta al titular a negarse a soportar intervenciones no autorizadas en su cuerpo, pero no un derecho al aborto ínsito en él. «La Constitución dice lo que dice y los juristas debemos atenernos a su texto», remarca con inteligencia el magistrado Enríquez. Poniendo el ejemplo de Francia, defiende que sea quien debe y puede, el Parlamento, aprobar una eventual ley que regule tal extremo. Mientras eso no suceda, el sistema de plazos es una alternativa q disposición del legislador democrático permitida por la Constitución, no una imposición de esta. El exceso de ver «derecho fundamental al aborto» en casi todo conduce a que su mención en esta sentencia sea necesaria o relevante.

La tendencia que observa el magistrado discrepante es preocupante: la mayoría convierte opciones legítimas en imperativos constitucionales. La sentencia se afana en demostrar el acierto y la bondad de la nueva regulación. Tal actitud convierte al Tribunal Constitucional en «colegislador», pues entra a valorar que la nueva ley no solo es necesaria, sino que no existen alternativas menos gravosas. Todo eso lo dice un magistrado que está de acuerdo con el fallo de la mayoría, quien abrocha su voto particular considerando «incorrecta y peligrosa» la doctrina constitucional mayoritaria.

Respecto al voto particular firmado por los magistrados don Enrique Arnaldo Alcubilla y Concepción Espejel Jorquera, comienza por recordar que este caso es un supuesto de intervención máxima y no mínima del Derecho Penal, lo que produce un expansionismo punitivo «decididamente contrario al valor libertad que es exigencia indispensable, imprescindible, en el Estado democrático». Así las cosas, los magistrados comprenden que la indeterminación de la redacción de la norma cuestionada («actos molestos u ofensivos») acaba por hacer eventualmente posible la persecución de cualesquiera manifestaciones en ese *sentido*.

La parte más interesante llega cuando analizan la quiebra de los derechos fundamentales a la libertad ideológica, a la libertad de expresión, y a la libertad de reunión y manifestación, sobre todo porque emplea la jurisprudencia del TEDH en la materia, jurisprudencia que, casual y misteriosamente, no aparece en la sentencia de la mayoría, cosa harto extraña toda vez que se suele emplear de cotidiano con fruición si acrece a sus intereses. Arnaldo y Espejel comienzan por recordar que las conductas tipificadas afectan a los derechos a la libertad ideológica y religiosa. Estamos, como reconoce la sentencia de la mayoría, ante un «problema social», por ello abordado mediante el ejercicio de estos derechos fundamentales. Del repaso que realizan de la jurisprudencia del TEDH, llegan a la conclusión de que imponer penas de prisión solo es compatible con la libertad de expresión en circunstancias excepcionales, esencialmente que el discurso incite al uso de la violencia o que constituya discurso del odio. Otro tanto cabe decir respecto del derecho de reunión, libertad que no admite interpretación restrictiva y cuyo objeto de protección incluye también las inevitables perturbaciones derivadas de su celebración pacífica. Atendiendo a lo anterior, los magistrados discrepantes creen que la reacción penal ha sido excesiva y puede producir efectos disuasorios en el ejercicio legítimo de libertades fundamentales, ante el temor de cualquier extralimitación, por leve que sea, pueda ser duramente sancionada.

En el razonamiento de Arnaldo y Espejel también aparece la interrupción voluntaria del embarazo. Y al igual que en sentencias anteriores, y de tenor similar a lo que dice el magistrado Enríquez en su voto, los discrepantes creen que dicha interrupción no es un derecho fundamental, por lo que el Tribunal Constitucional desborda de nuevo los límites de enjuiciamiento a los que debe someterse. Dicho con otras palabras: la ponderación de los bienes en juego no puede hacerse en base a un presupuesto tal como el que arguye que la mujer tiene derecho al aborto, que es precisamente lo que viene haciendo la mayoría del TC en varias sentencias dictadas en los últimos tiempos. En fin, para ambos debió declararse inconstitucional y nulo el nuevo precepto legal por atentar contra la libertad ideológica, religiosa y de expresión, así como el derecho de reunión. La clave de dicho parecer reside en que la norma penal es excesiva y desproporcionada, produce efecto desaliento a la hora de ejercer tales libertades y permite al Estado sobrepasar el principio de intervención mínima del Derecho Penal y lo convierte en un «patente derroche inútil de coacción» que acaba por convertir a la norma penal en arbitraria y socava los principios elementales de justicia inherentes a la dignidad de la persona y al Estado de Derecho.

Desde el punto de vista crítico, la lectura de la STC 75/2024 deja dudas y constata datos que fueron en su día perplejidades. En asuntos de este tenor el Tribunal Constitucional se parte en dos y los magistrados votan prácticamente en bloque: siete a cuatro. Se da la circunstancia de que, al menos en el caso que nos ocupa, las razones esgrimidas por la minoría discrepante son harto más convincentes que las afirmaciones de la mayoría. Partir de la base de un derecho que no existe y afirmar vicisitudes extemporáneas que nada tienen que ver con la litis del proceso queda bastante más abajo en la escala argumental que la justificación convincente de por qué la norma penal española que castiga rezar en las inmediaciones de las clínicas abortivas no es conforme a Derecho Constitucional.

Si desnudamos los hechos acaecidos tal cosa nos conduce al siguiente escenario: por un lado, mujeres que deciden interrumpir su embarazo y acuden a una clínica a los efectos. Por otro, personas que rezan por la madre y el bebé que lleva dentro y, con ello, ejercen varios derechos fundamentales, no solo el *agere licere* propio e inherente al derecho a la libertad religiosa (rezar públicamente sin quebranto alguno para el orden público), sino también el derecho de reunión, el de manifestación y el de libre expresión[27]. Es prácticamente imposible declarar lesionado o no lesionado solo uno de ellos: en su ejercicio concreto se entremezclan para dar pie a un conglomerado de derechos fundamentales que

---

27 Para ver una panorámica del derecho a la libertad religiosa en relación con el derecho a la libre expresión véase VVAA; *Conscience and Liberty. Religion and freedom of expression*, International Association for the Defence of Religious Liberty, Brussels, 2023.

conducirá inevitablemente al *efecto contagio*: lesionado uno, lesionados todos. Una pregunta surge en lontananza: ¿de veras no existe la manera de que unas y otros pueden llevar a cabo las decisiones que libérrimamente han adoptado? ¿No es acaso posible garantizar simultáneamente el ejercicio de los derechos más básicos a todas las partes?

Al tener una discrepancia inherente de partida la cuestión troca en cuasi irresoluble: si hacemos caso de la sentencia de la mayoría, hay que rodear de garantías a la mujer que ejercerá su derecho al aborto. Inclusive si no creemos que tal cosa sea un derecho[28]. ¿En qué obsta que una mujer aborte el hecho de que haya personas rezando en las inmediaciones de la clínica? ¿Molesto, ofensivo, de mal gusto, insensible? Quizá. Pero la mejor doctrina sobre la libertad de expresión —y este es un caso palmario de libre expresión—, la que se acuñó hace décadas, insistía en que estábamos ante una piedra angular de la democracia que, con carácter general, debía prevalecer incluso si «hiere, zahiere, molesta, perturba u ofende». El criterio no solo ha sido explicitado por la mejor jurisprudencia constitucional sino también por la mejor jurisprudencia convencional e, incluso, a nivel comparado (sin ir más lejos, por el Tribunal Supremo norteamericano). De modo incomprensible, este razonamiento ha dejado de tener su sitio en sentencias constitucionales donde se discute la eventual ruptura libertad de expresión.

Pero no es solo libre expresión (art. 20 CE) lo que ejerce quien reza frente a las clínicas abortivas. Ejerce su derecho fundamental a la libertad religiosa (art. 16 CE) cuyo límite no se transgrede en absoluto (orden público protegido por la ley). Al menos no se ha transgredido en los rezos de los que se ha dado públicamente cuenta. Ejerce asimismo su derecho de reunión, pues estas reuniones suelen estilarse de forma pacífica (¿se han producido incidentes?; en tal caso, ¿cuántos? ¿Existe un seguimiento? ¿Hay datos oficiales?) y sin armas (salvo que se sobrentienda que los crucifijos fungen como tal). El derecho de reunión y de manifestación también se supedita, constitucionalmente hablando, a su

---

28 La hiperinflación de derechos fundamentales ha sido una constante de ciertas latitudes neoconstitucionalistas. Ya sabemos las nefastas consecuencias que han tenido para quienes las sufren. *Vid.* DE LORA, P.; *Los derechos en broma. La moralización de la política en las democracias liberales*, Deusto, Barcelona, 2023, p. 185 y ss.

eventual prohibición si se altera el orden público. Insistimos: no existe ni ha existido ni se ha reportado quiebra material de dicho orden en los rezos frente a abortorios, tanto menos ha habido que aplicar preventivamente la cláusula del orden público[29].

Otro aspecto sorprendente es la omisión de la jurisprudencia del TEDH en el razonamiento de la mayoría. En líneas generales, el TEDH ha protegido especialmente la libertad de expresión, en la medida en que no concurra incitación a la violencia o discurso del odio. Los rezos frente a clínicas no son ni lo uno ni lo otro y quizá por ese motivo la sentencia de la mayoría hurta cualquier referencia a la jurisprudencia de Estrasburgo: porque sabe que si le da entrada, cambia —o debería cambiar— radicalmente tanto la argumentación como, muy posiblemente, el fallo. Otro tanto sucede cuando se cohonesta la cuestión con la libertad religiosa. Es más, *mutatis mutandis*, el TEDH reconoce a las confesiones religiosas una vida interna protegida de injerencias estatales (*asunto Serif c. Grecia*, STEDH de 14 de diciembre de 1999). La norma penal española es una injerencia mayúscula en la vida interna de la confesión que profesan quienes rezan, pero sobre todo lo es respecto del derecho individual de quienes acuden a rezar.

En el caso que nos ha ocupado aquí el Tribunal Constitucional ha convalidado en sede constitucional una norma que difícilmente supera el test que debe implementarse a los efectos. Tanto si se está de acuerdo con el «derecho al aborto» como si no, los intereses en juego de las diversas partes pueden ser canalizados de tal manera que las personas que los defienden sigan haciéndolo sin menoscabo de la otra parte. Dicho en otros términos: las mujeres pueden acudir a las clínicas abortivas y los manifestantes pueden seguir congregándose y rezar en las inmediaciones de dichos centros. No se alcanza a ver cómo y por qué la policía no podría, en caso de ser necesario, garantizar el orden público mediante la protección de los intereses de unas y otros. Hasta el momento, no se han reportado incidentes reseñables cuando tales reuniones se han celebrado. ¿Por qué el Tribunal Constitucional omite cuestiones fácticas tan clarificadoras?

---

29 Solo en supuestos absolutamente excepcionales se podrá aplicar *ex ante* dicha cláusula (STC 46/2001). *Vid.* DÍEZ-PICAZO, L.M.ª; *Sistema de derechos fundamentales*, Tirant lo blanch, Valencia, 2021, p. 231 y ss.

Además, repárese en que la norma es una norma penal y estas deben utilizarse de acuerdo al criterio de la intervención mínima, no al de intervención máxima. Perseguir criminalmente a quienes rezan en las puertas de las clínicas tienen bastante de *matar moscas a cañonazos*. Es una medida que adolece de una correcta tipificación pues habla de «actos ofensivos o molestos», abriendo el tipo penal al capricho de lo que los operadores jurídicos estimen oportuno.

Este caso es un caso donde confluyen diferentes derechos fundamentales que han sido vulnerados por la modificación del Código Penal de 2022. A la vista de los acontecimientos, las personas reunidas nunca impidieron que se practicara aborto alguno. Se manifestaron expresando sus ideas y convicciones religiosas, cosa que la Constitución les permite hacer tanto en público como en privado. Sancionar tales conductas solo provocará la inhibición de acciones similares en el futuro, produciéndose el *efecto desaliento* (criterio siempre muy presente en la jurisprudencia del TEDH para proteger con especial énfasis el derecho a la libertad de expresión).

Por lo demás, la norma cuestionada en sede constitucional es un dechado de incertidumbre. ¿Cómo y cuándo se «obstaculiza el ejercicio del derecho a la interrupción voluntaria del embarazo»? ¿Qué se puede entender por «acto molesto»? ¿Y por «acto ofensivo»? Late al fondo una mentalidad que lleva a plasmar con lenguaje indeterminado las eventuales acciones punibles para poder castigar las conductas que mejor estimen quienes sean competentes para ello. Redactar así una norma penal no solo atenta contra el principio de tipicidad y, por ende, contra el Estado de Derecho, sino también contra la mentalidad demoliberal más decidida.

Una última consideración merece ser traída a estas páginas. Tiene que ver con la neutralidad ideológica del Estado. Huelga decir que la aconfesionalidad de este se contempla explícitamente en el artículo 16 CE. En cuanto a la neutralidad ideológica, esta se deduce implícitamente de diversos preceptos, tales como el artículo 1.1 CE (pluralismo político) o el artículo 14 CE (no discriminar por razones ideológicas). Creemos que el deber de neutralidad se quiebra en al menos dos aspectos. Por un lado, si uno lee el Preámbulo de la Ley Orgánica 4/2022, de 12 de abril, está trufado de planteamientos ideológicos, especialmente cuando intenta hacer pasar por «violencia de género» poner cualesquiera trabas para el aborto. Por no mencionar que dicho Preámbulo plasma una única encuesta de una asociación privada de clínicas que practican abortos como toda legitimidad de base para adoptar la ley cuestionada. No sabemos si esto último es «ideológico» pero desde luego que resulta extemporáneo y sesgado. Es un caso de manual de lo que los anglosajones llaman *cherrypicking* y denota una carencia importante en el respaldo con datos de la política legislativa correspondiente. Lo cual, dicho sea de paso, se traslada al propio Tribunal Constitucional, que decide mediante la sentencia aquí comentada defendiendo una visión muy concreta y determinada, por lo demás inconfesable: pareciera que la mayoría del Tribunal ha decidido de antemano no dar la razón bajo ningún concepto al grupo parlamentario Vox, más allá de la validez, rigor, o seriedad de sus argumentos constitucionales.

e. La perspectiva de género sigue sin ser ideología: la STC 89/2024, de 5 de junio

El enésimo intento de nuestro Juez Constitucional de hacernos creer que la perspectiva de género no tiene que ver con ideología lo ha protagonizado mediante la STC 89/2024, de 5 de junio, donde se bendice tal cosa como una «herramienta» que entronca (cuando no exige, dirán sus apóstoles) con el principio de no discriminación y de igualdad constitucional). Desde estas modestas páginas pretendemos, grosso modo, hacer dos cosas encaminadas a poner en tela de juicio tamaña afirmación.

En primer lugar, explicar en qué términos se produce el debate en sede jurisdicción constitucional, desgranando los argumentos del recurso de inconstitucionalidad, los de la Abogacía del Estado, los fundamentos jurídicos que ofrece el Tribunal Constitucional y, finalmente, los votos particulares. Vaya desde aquí una advertencia previa, en tanto que esta contribución solo examinará la perspectiva de género y aledaños, quedando el resto de cuestiones planteadas sin abordarse aquí.

En segundo lugar, ofreceremos una visión panorámica donde gozarán de privilegio ciertas opiniones con fuerza de convicción. La primera, va de suyo, es demostrar (si que tal cosa fuere necesaria) que la perspectiva de género es una creación del feminismo y, por extensión, tan ideológica como este. La segunda tiene que ver con la inseguridad e incertidumbre que crea un concepto tan etéreo e inasible como el que aquí tratamos. La tercera expone una tendencia preocupante que tiene que ver con el empleo que se hace de esta *herramienta*: ingeniería social donde la mujer siempre aparece como víctima y el hombre como culpable (de lo que toque ese día). La cuarta tiene que ver con una tendencia aún más amplia que anida en buena parte de las sociedades demoliberales actuales: la creciente polarización y fragmentación, cuya raigambre e intensidad no dejan de aumentar gracias al empleo de la perspectiva de género, idea en sí misma polarizadora[30]. La quinta aborda frontalmente un quid elemental de la cuestión: demostrar que la perspectiva de género no tiene mucho que ver con la igualdad. Finalmente, ofrecemos una sexta consideración que tiene que ver con el hecho de que nociones como la causante de nuestros desvelos es amplia y profundamente liberticida y anti plural. Acabamos estas páginas ofreciendo al lector algunas conclusiones con las que poner el broche al trabajo, como siempre sometidas al mejor parecer de la comunidad académica.

La STC 89/2024, de 5 de junio trae causa del recurso de inconstitucionalidad interpuesto por más de cincuenta diputados del grupo parlamentario VOX en el Congreso de los Diputados impugnó diversos preceptos de la Ley 15/2022, de 12 de julio, integral para la igualdad de trato y la no discriminación. El asunto fue decidido por la STC 89/2024, de 5 de junio, con ponencia de la magistrada doña María Luisa Segoviano Astaburuaga, desestimando las alegaciones y declarando la norma legal plenamente constitucional.

En el recurso de inconstitucionalidad se señala como primer motivo de inconstitucionalidad el hecho de que el artículo 4.4 de la Ley 15/2022 vulnera los artículos 1.1, 16.1 y 103.1. A juicio de los recurrentes, con ello se crea la obligación legal para los poderes públicos de implementar políticas públicas que incorporen la perspectiva de género en el

---

30   Viene afirmándose por la doctrina que los tiempos que corren para las democracias liberales son de tal guisa. Un trabajo que analiza los efectos de dicho fenómeno en nuestro Parlamento puede verse en NIETO JIMÉNEZ, J.C.; *Consecuencias de la polarización y fragmentación en las Cortes Generales*, Tirant lo blanch, Valencia, 2024. Con prólogo de Piedad García-Escudero Márquez.

tratamiento del fenómeno de la discriminación. Esa perspectiva puede o no ser compartida, pero no cabe discutir que es puramente ideológica, en el sentido de que parte de una determinada idea y concepción del mundo y de la sociedad discutida y discutible. Desde aquí ya podemos decir que esa concepción del mundo y de la sociedad es la feminista, una ideología como otra cualquiera[31]. Argumentan los recurrentes que el Tribunal Constitucional ha declarado la neutralidad ideológica del Estado y de la administración pública, lo que impide establecer leyes que obliguen a los poderes públicos a basar su actuación en planteamientos ideológicos, en contra del pluralismo político reconocido por el art. 1.1 CE, la libertad ideológica garantizada por el art. 16.1 CE y la objetividad con la que debe actuar la administración, según el art. 103.1 CE. Y concluyen afirmando que sostener la constitucionalidad del precepto supondría que el legislador podría, en el futuro, imponer por ley a todos los poderes públicos la implementación de políticas fundadas en cualquier postulado ideológico, lo que, a todas luces, vulnera la neutralidad exigida por el texto constitucional[32].

El abogado del Estado comienza subrayando en su pliego de alegaciones que el principio de igualdad ocupa una posición preferente en la Constitución, recordando a mayores algunas de las sentencias constitucionales dictadas a su socaire (en concreto, las que más convienen a las tesis que defiende). Hecho eso, procede a dedicar espacio a lo que le sugiere la perspectiva de género.

Y así podrá decir que los conceptos de género y perspectiva de género están formulados jurídicamente desde hace más de dos décadas en diversos tratados internacionales

---

31 Véase, por poner algunos ejemplos, VALLÉS, J.M. y MARTÍ I PUIG, S.; *Ciencia política. Una manual*, Ariel, Barcelona, 2023, p. 280 y ss; MARTY, A; *Ideologías. Las ideas políticas que mueven el mundo*, Deusto, Barcelona, 2024, p. 349 y ss.

32 La relación entre la Administración y el ciudadano siempre ha resultado compleja y poliédrica, en todo caso trufada de intereses más allá de los generales. En ese sentido, algunos opinan que la intervención pública debe ser a menores. Otros, que debe ser mayores. Y otros, que en el término medio está la virtud (sea lo que fuere esto) y que los jueces pueden controlar sus desmanes (¿?). Representantes de esta postura son SUNSTEIN, C. y VERMEULE, A.; *Jueces frente al Leviatán. El control Judicial del Estado Administrativo*, Aranzadi, Cizur Menor, 2024.

ratificados por España y no pueden considerarse novedosos (de acuerdo) ni ideológicos (en desacuerdo). Para el abogado del Estado, la perspectiva de género está concebido como un instrumento orientado a lograr la igualdad entre mujeres y hombres (¿?) reconocida, entre otros, en la Declaración universal de los derechos humanos; en la Convención sobre la eliminación de todas las formas de discriminación contra la mujer; en el Pacto internacional de derechos civiles y políticos y en el Convenio europeo de derechos humanos. También en el Derecho de la Unión Europea, sigue el abogado del Estado, encontramos reconocido este «derecho», entre otros, en el Tratado de funcionamiento y en la Carta de los derechos fundamentales de la Unión Europea, así como en varias directivas, como la 2006/54/CE del Parlamento Europeo y del Consejo, de 5 de julio de 2006, y la 2004/113/CE, del Consejo, de 13 de diciembre de 2004.

Para rematar su escrito, el abogado del Estado dirá que la incorporación de la perspectiva de género debe interpretarse «como un mandato a los poderes públicos para aprobar medidas que garanticen el derecho a la igualdad y a la no discriminación por razón de sexo en cumplimiento de obligaciones asumidas internacionalmente y de los arts. 1.1, 9.2 y 14 CE». En suma, la mención a la perspectiva de género es una herramienta necesaria para alcanzar la igualdad efectiva entre mujeres y hombres reconocida en la Carta Magna, sin que pueda considerarse como una imposición ideológica. Y todo eso lo dice sin rubor alguno ni precisar absolutamente nada de lo que encierra un derecho tan sumamente complejo como el de igualdad.

En la fundamentación jurídica del TC ocupa una posición preferente el Fundamento Jurídico 2, dedicado a resolver la impugnación contra la perspectiva de género. Lo primero que hará será, acogiendo la argumentación del abogado del Estado, resaltar la importancia de la perspectiva de género tanto en el derecho internacional como en el derecho nacional. A partir de ahí, la sentencia adolece de una pobreza argumental llamativa, pues se limita a enumerar tratados internacionales donde, de alguna manera, se acoge la perspectiva de género. Acto seguido, hace lo propio respecto de las normas internas, sin mayor iteración que la mera repetición concatenada, tanto de las primeras (Ley de 2003 de impacto de género, ley de violencia de género de 2004, ley 3/2007, de igualdad), como de las más recientes (leyes de

2018, 2020, 2022 y 2023). El Tribunal Constitucional acaba diciendo, después de dicho repaso y citando el preámbulo de la Ley 15/2022, que esta se incardina en el más amplio Derecho antidiscriminatorio español y resulta un «mínimo común normativo», una «ley general» para proteger contra *cualquier* discriminación[33].

A la vista de lo anterior, el TC argumenta que introducir la perspectiva de género contemplada en el artículo 4.4 de la Ley 15/2022, en las políticas contra la discriminación «se integra con naturalidad en la evolución normativa expuesta y en el propósito y finalidad de la ley». Recordando lo que dijo en la STC 34/2023, de 18 de abril, «la perspectiva de género, lejos de comprometer la neutralidad ideológica del Estado, supone un avance respecto a los valores constitucionales, especialmente, los recogidos en los artículos 1.1, 9.2 y 14 CE». Podemos adelantar ya que esto que se acaba de decir es falso de toda falsedad. En ninguno de tales preceptos se contempla ni la perspectiva de género, ni nada que se le parezca. Ni tampoco en los debates constituyentes (y el feminismo ya gozaba de cierto desarrollo por aquel entonces) se hizo una sola mención a tal perspectiva. Un argumento, pues, colindante con el activismo judicial, la huida del Derecho, o el uso alternativo del Derecho, como prefiera el lector.

El Tribunal Constitucional, en apoyo a su aseveración de que la perspectiva de género no tiene que ver con lo ideológico, cita otra de sus últimas sentencias sobre la cuestión, la STC 44/2023, de 9 de mayo, FJ 10, para decir que con la expresión «perspectiva de género» se alude a una categoría de análisis de la realidad desigualitaria entre mujeres y hombres dirigida a alcanzar la igualdad material y efectiva, así como a un enfoque metodológico y un criterio hermenéutico transversal orientado a promover la igualdad entre mujeres y hombres, como parte esencial de una cultura de respeto

---

33   Tengo para mí que el Tribunal Constitucional evita a toda costa parangonar la perspectiva de género con lo ideológico no solo porque la crea indiscutible o inatacable sino por algo que late profundamente en el interior de los corazones y mentes humanas: el de *ideología* es un término peyorativo que evoca creaciones puramente artificiales alejadas de la vida cotidiana. Huelga decir que si las personas no acabamos de aceptar bien el vocablo es porque suele ser manipulado por los poderes dominantes y/o por los que aspiran a ostentarlo. Así lo asevera FREEDEN, M.; *Ideología. Una breve introducción*, Alianza, Madrid, 2024, p. 9 y ss.

y promoción de los derechos humanos. Confirma el TC que «está desprovista de orientación ideológica, más allá del respeto a los valores constitucionales». En consecuencia, y gracias a tan parca argumentación, desestima la impugnación[34].

Se opusieron diversos votos particulares al criterio de la mayoría, pero en esta ocasión los magistrados discrepantes no ofrecen razones novedosas en lo tocante a la perspectiva de género, remitiéndose a lo que dijeron en su momento en los votos particulares evacuados con motivo de las SSTC 34/2023 y 44/2023, esencialmente. Lo que sí dejan claro es que la sentencia de la mayoría les resulta sumamente discutible en cuanto a la constitucionalidad de medidas como la privación de financiación de centros educativos que no sean mixtos (entienden que se rompe el artículo 27.3 CE, quebrando el derecho a la educación) así como la indeterminación a la hora de establecer según qué infracciones contempladas en la norma cuestionada (ruptura del artículo 9.3 y 103 CE, por dañar la seguridad jurídica y el principio de tipicidad).

f. Una nueva vuelta de tuerca: la STC 92/2024, de 18 de junio

El grupo parlamentario VOX impugnó la *Ley Orgánica 1/2023, de 28 de febrero, por la que se modifica la Ley Orgánica 2/2010, de 3 de marzo, de salud sexual y reproductiva y de la interrupción voluntaria del embarazo*. En diversos preceptos del artículo único de dicho cuerpo legislativo se obliga a integrar la perspectiva de género en las políticas públicas que puedan adoptarse en la materia; se obliga a

---

34 Algo que se barruntaba no solo por la votación en bloques (progresista-conservador) que se produce en el TC, especialmente señalada en los últimos tiempos, sino porque parte de sus integrantes se han pronunciado en sede académica y mediática a favor de dicha perspectiva de género. Baste a título de ejemplo ver SEGOVIANO ASTABURUAGA, M.ª L.; «Perspectiva de género en el ejercicio de la Magistratura». En PARDO PRIETO, P.C. (coord..); *Retos y victorias: III Ciclo de Jornadas Abiertas sobre Género, Diversidad Sexual y Derechos*, Eolas, León, 2022, p. 87 y ss; BALAGUER CALLEJÓN, M.ª L.; *El feminismo del siglo XXI. Del #MeToo al movimiento queer*, Ediciones Huso, Madrid, 2021; y MONTALBÁN HUERTAS, I.; *Perspectiva de género. Criterio de interpretación internacional y constitucional*, CGPJ, Madrid, 2004.

proveer de una educación sanitaria integral con perspectiva de género, así como la atención psicológica o sexológica; lo mismo impone para atender la salud durante la menstruación («con perspectiva de género, interseccional y de derechos humanos»); abordar con perspectiva de género desde lo público las patologías relacionadas con la salud sexual y reproductiva; la evaluación de los objetivos también debe hacerse con perspectiva de género, así como todo trabajo, estudio, encuesta o trabajo de investigación que lleven a cabo las administraciones públicas («con perspectiva de género e interseccional»).

Los motivos de impugnación son diversos. En primer término, denuncian los recurrentes que la inclusión de la perspectiva de género es arbitraria, lo que está prohibido por la Constitución (art. 9.3 CE) y constituye una discriminación carente de justificación objetiva y razonable (art. 14 CE), pues la negativa a practicar abortos es perfectamente compatible con las funciones que tiene atribuidas el comité clínico. En segundo lugar, los recurrentes consideran que tal disposición incurre en vulneración del derecho a la libertad ideológica y religiosa (art. 16.1 CE), pues la prohibición de formar parte del comité a los médicos objetores y a los que ya no lo son, pero lo fueron en los últimos tres años, responde únicamente a prejuicios ideológicos y es una suerte de «castigo», que se les impone para «purgar sus pecados», en lo que califican como una «reeducación forzosa» (FJ 3).

En lo tocante a su pliego, el abogado del Estado, una vez examinadas las funciones del comité clínico, sostiene que el inciso impugnado persigue conjugar proporcionadamente los dos intereses en juego. Así, de un lado, se asegura el pleno respeto de las creencias de los profesionales sanitarios objetores de conciencia, eximiéndoles no solo de practicar la interrupción voluntaria del embarazo, sino también de participar en otro trámite esencial del sistema; y, de otro lado, permite a las autoridades sanitarias la adecuada organización del sistema en lo que se refiere a la formación y funcionamiento de los comités clínicos, a la vez que asegura a las mujeres que el examen de su situación se llevará a cabo por personal médico no afectado por conflictos por motivos de conciencia respecto de la interrupción voluntaria del embarazo.

El Tribunal Constitucional niega la razón a los recurrentes. En aplicación de la doctrina sentada antes, especialmente en la STC 44/2023 (FJ 10), entiende que la perspectiva es poco más que un «enfoque metodológico y hermeneútico transversal» orientado a promover la igualdad entre hombres y mujeres, parte esencial del respeto y promoción de los derechos humanos. Busca tal perspectiva garantizar «la igualdad efectiva y real entre hombres y mujeres» y es propia de un Estado social y democrático de Derecho [(FJ 3, c)]. Según el TC, no adoctrina, comprometiendo la neutralidad ideológica del Estado (cuando es, justamente, lo que sucede).

A mayor abundamiento, cita la sentencia de la mayoría una serie de leyes donde se contempla la perspectiva de género (como si el control de constitucionalidad se hiciera al revés: la ley como parámetro de control de la Constitución) y un tratado internacional que serviría de cobertura, así como la Estrategia de Igualdad de Género 2020-2025, norma ni tan siquiera de soft-law (formalmente una comunicación de la Comisión al Parlamento). Todo convenientemente entremezclado en lo que constituye un vergonzante *cherry-picking* de manual.

Por lo demás, la minoría del Tribunal Constitucional opone votos particulares, en buena medida similares a lo que dijeron también en sus votos particulares a las resoluciones constitucionales arriba estudiadas, por lo que a ellos nos remitimos.

CAPÍTULO 4.

VALORACIONES CRÍTICAS

Llega el momento de ofrecer al lector las valoraciones críticas correspondientes. Como se ha deslizado en páginas anteriores, algo se apuntó en los casos que nos han ocupado anteriormente, esta no puede ser halagüeña. Desgranaremos a continuación diversos argumentos que discuten las tesis principales del constitucionalismo feminista, del feminismo académico vertido en la legislación y del que emana de las resoluciones dictadas por la mayoría del Tribunal Constitucional.

a. La perspectiva de género es ideología

El primero de ellos es el siguiente: resulta palmario que la perspectiva de género es un producto ideológico. La ideología, en su sentido más amplio, se refiere a un sistema de ideas y valores que guía el comportamiento y las creencias de un grupo social o de una sociedad. Podemos desgranar el razonamiento en diversas coordenadas[35].

Comenzando por la definición y fundamentación teórica del concepto, la perspectiva de género se basa en la teoría feminista y en los estudios de género que surgieron como presunta respuesta a las desigualdades entre hombres y

---

35   El marco de referencia será el de FREEDEN, M.; *Ideología. Una breve introducción*, Alianza, Madrid, 2024, p. 15 y ss.

mujeres. Esta perspectiva sostiene que el género no es solo una cuestión biológica, sino una construcción social que influye en las oportunidades, roles y expectativas de las personas. La base teórica y la interpretación de la realidad a través de este enfoque son características propias de una ideología, ya que ofrecen una visión específica del mundo y de las relaciones que se generan en su interior[36].

La segunda tiene que ver con un sistema de valores y principios. La perspectiva de género promueve principios y valores específicos, como la igualdad de género, la justicia social y el empoderamiento de las mujeres. Estos valores no son universales ni neutrales sino que son adoptados y promovidos por ciertos grupos y movimientos sociales. La defensa de estos valores y la propuesta de cambios estructurales en la sociedad para alcanzarlos reflejan un sistema ideológico que busca transformar la realidad según su visión y principios. Como se puede fácilmente colegir, nada que ver con la objetividad y la neutralidad. Ni siquiera con la *apariencia de*.

En tercer lugar, las ideologías tienen como vocación interpretar y transformar la realidad. La perspectiva de género no solo ofrece una interpretación de las relaciones entre hombres y mujeres, sino que también propone cambios en las políticas públicas, en las estructuras institucionales y en las prácticas culturales. Por ejemplo, la implementación de políticas igualitarias por razón de género, la inclusión de contenidos de género en la educación y la promoción de legislación contra la discriminación de género son acciones que buscan modificar la estructura social según una visión específica, por mencionar tres. Algunas de ellas de resultados bastante cuestionables, como sucede con la ley de violencia de género, por ofrecer un ejemplo[37].

En cuarto lugar, la perspectiva de género genera debates y controversias, lo cual demuestra a las claras su carácter ideológico. Diferentes grupos y movimientos, como los conservadores o los defensores de la tradición, critican la perspectiva de género argumentando que impone una visión particular

---

36   De entre las muchas fuentes que abordan la materia puede consultarse ALONSO ÁLVAREZ, A.; *El mainstreaming de género en España. Cronología, instrumentos e impacto en las políticas finales*, Tirant lo blanch, Valencia, 2015.

37   *Vid.* PRALLONG, C.; *Colecti-victimismo*, Unión Editorial, Madrid, 2024, p. 292 y ss.

del mundo que no es compartida por todos. Esta resistencia muestra que la perspectiva de género no es una verdad objetiva y universalmente aceptada, sino una ideología que compite con otras visiones del mundo. Esto es: resulta una noción discutida y discutible.

En quinto lugar, las ideologías suelen movilizar a las personas a la acción, son potentes catalizadores que pretenden llevar la energía desde la mente hasta la realidad. La perspectiva de género ha dado lugar a movimientos sociales activistas que sedicentemente luchan por los derechos de las mujeres y la igualdad de género. Estos movimientos buscan influir en la política, la cultura y la economía, reflejando un esfuerzo por transformar la sociedad según los principios de la perspectiva de género. Asociaciones, partidos políticos, fundaciones, y un largo etcétera parten de una preconcepción del mundo que, en alguna medida, desean imponer a los demás.

En resumen, la perspectiva de género puede considerarse ideológica porque presenta un sistema de ideas y valores que interpreta y pretende transformar la realidad social. Sus fundamentos teóricos, principios, propuestas de cambio, controversias y la movilización que genera son características que la alinean con la definición de ideología. Este enfoque ofrece una visión particular del mundo, que, como cualquier ideología, compite con otras visiones y busca influir en la estructura y el funcionamiento de la sociedad.

b. La perspectiva de género crea incertidumbre

El segundo gran argumento es que la perspectiva de género es insegura e incierta. En anteriores páginas hemos bosquejado esta razón y ahora la abordaremos con algo más de profundidad pues, en efecto, creemos que estamos ante una noción que genera, sobre todo y ante todo, inseguridad e incertidumbre.

Por un lado, no existe consenso científico en torno a la idea. Dicho con otras palabras, la perspectiva de género se basa en gran medida en ciertos *subestudios* y teorías de diferentes ramas que anidan en las ciencias sociales, campos que a menudo no gozan del mismo nivel de consenso científico que las ciencias naturales y/o experimentales. Las interpretaciones y conclusiones sobre el género y su influencia en la sociedad pueden variar significativamente entre investigadores, lo que introduce un grado de incertidumbre y falta de seguridad en las afirmaciones y propuestas basadas en esta perspectiva.

Por otro lado, no podemos olvidar que las teorías y conceptos relacionados con el género están en constante evolución. Lo que hoy se considera una interpretación aceptada puede ser cuestionado y revisado en el futuro. Esta naturaleza dinámica implica que las políticas y prácticas basadas en la perspectiva de género pueden cambiar con el tiempo, creando incertidumbre sobre su estabilidad y efectividad a largo plazo. Esto se observa, por ejemplo, con la incorporación de la perspectiva de género en políticas públicas y sistemas educativos, siempre objeto de debate controvertido. El sector crítico argumenta que la implementación de estas políticas a menudo se basa en premisas que no están suficientemente respaldadas por evidencia empírica sólida. La falta de datos concluyentes sobre la eficacia de la inmensa mayoría de las políticas de género puede llevar a resultados imprevistos o indeseables, lo que genera incerteza en su aplicación.

Se supone que debemos aceptar acríticamente que el género es una construcción social que varía considerablemente entre diferentes culturas y contextos históricos. Aun haciendo tal cosa, no es difícil colegir que la perspectiva de género puede no ser igualmente aplicable o relevante en todos los contextos, lo que introduce incertidumbre sobre su validez universal. La imposición de un marco de género específico en culturas diversas puede ser percibida como inadecuada o incluso perjudicial. Dicho con otras palabras, la promoción de la perspectiva de género a menudo encuentra resistencia significativa por parte de diversos grupos sociales que consideran que sus valores y creencias están siendo amenazados. Esta resistencia puede generar conflictos y tensiones que aumentan la inseguridad social. Además, la polarización resultante puede dificultar la implementación efectiva y sostenida de políticas basadas en la perspectiva de género. Por no mencionar lo cruento de los debates dentro del movimiento feminista cuando se da entrada a la variable de la identidad de género. La identidad de género es un aspecto complejo y multifacético de la experiencia humana. La perspectiva de género, en su intento por abordar esta complejidad, puede simplificar excesivamente o no capturar plenamente la diversidad de experiencias individuales. Esta simplificación puede llevar a interpretaciones erróneas o insuficientes, introduciendo incertidumbre en nuestro modelo de convivencia.

En fin, la perspectiva de género puede ser considerada insegura e incierta debido a la falta de consenso científico, la naturaleza conflictiva y debatida de las teorías de género, el impacto incierto en las políticas públicas, las diversas interpretaciones culturales, la resistencia social, y la complejidad intrínseca de nociones como «el género» y «la identidad de género». Estos factores contribuyen a una percepción de inseguridad e incertidumbre en torno a las aplicaciones y efectos de la perspectiva de género en la sociedad.

c. La perspectiva de género victimiza, culpabiliza y polariza

El tercer gran argumento es palmario: la perspectiva de género victimiza (a mujeres), culpabiliza (a hombres) y polariza (a todos).

La perspectiva de género, en algunos enfoques y discursos, ha sido criticada por promover una narrativa que victimiza a las mujeres y culpabiliza a los hombres y, al hacerlo, polariza al completo a los individuos que conviven (convivimos) en una sociedad determinada[38].

En primer lugar, tendríamos el enfoque de género, desde el que se victimiza a las mujeres. ¿Cómo? Con una narrativa de desigualdad estructural, donde la perspectiva de género a menudo enfatiza la existencia de desigualdades estructurales y sistémicas que afectan a las mujeres. Si bien algunas de estas desigualdades son reales y documentadas, el enfoque exclusivo en la victimización puede perpetuar una imagen de las mujeres como víctimas perpetuas de cosas tan etéreas como la «opresión patriarcal». Esto puede limitar la percepción de las mujeres como agentes activos y empoderados capaces de superar y transformar sus circunstancias. También contribuye la sobrerrepresentación de la victimización.

---

38   *Vid.* PRALLONG, C.; *Colecti-victimismo*, Unión Editorial, Madrid, 2024, p. 292 y ss.

En algunos discursos, la perspectiva de género puede sobre-rrepresentar la victimización de las mujeres, presentando cada experiencia negativa como una prueba del patriarcado omnipresente. Esto contribuye a crear una percepción de vulnerabilidad constante, lo que puede tener un impacto negativo no solo en la autoestima y la agencia de las mujeres sino también en sus relaciones con el mundo[39].

En segundo lugar, tendríamos el enfoque de género que culpabiliza a los hombres, y lo hace prácticamente por el hecho de existir. Por un lado, se disemina la generalización de la responsabilidad masculina. La perspectiva de género, especialmente en sus vertientes más radicales, generaliza la responsabilidad de la opresión de género a todos los hombres, independientemente de sus acciones individuales. Esta generalización intenta construir un relato en el que todos los hombres son vistos como opresores o cómplices del patriarcado, lo cual es manifiestamente desatinado por injusto. Huelga decir que, al enfatizar la culpabilidad colectiva de los hombres, la perspectiva de género erosiona la importancia de los comportamientos individuales. Retóricamente necesitan palabras como «estructura» o «sistema» para justificar sus desmanes, pues en su fuero interno saben que la inmensa mayoría de interacciones individuales que se producen en una sociedad occidental promedio son pacíficas y llevaderas[40].

Conjugado lo anterior da como resultado la polarización, lo que puede dificultar el diálogo constructivo y la cooperación entre hombres y mujeres, ya que ambos grupos pueden sentirse atacados o incomprendidos. Además, intensifica el resentimiento masculino por ser culpabilizados colectivamente, mientras que las mujeres pueden desarrollar desconfianza hacia los hombres al ser constantemente representadas como víctimas. Este ciclo de resentimiento y desconfianza puede erosionar la cohesión social y dificultar los esfuerzos conjuntos en aras de la convivencia. Es obvio

---

39   Esta aserción se puede ver en diversos de los trabajos compilados en ARIÑO, I.; *Desmontando el feminismo hegemónico*, Unión Editorial, Madrid, 2021.

40   Una fuente imprescindible respecto a esta cuestión es el libro de REEVES, R.V.; *Hombres: Por qué el hombre moderno lo está pasando mal, por qué es un problema a tener en cuenta y qué hacer al respecto*, Deusto, Barcelona, 2023.

que este tipo de conceptos impiden el empoderamiento real, basado en la acción individual y en la asunción de responsabilidades, limitando las oportunidades de crecimiento personal y profesional, perpetuando una dependencia de intervenciones externas en lugar de fomentar la responsabilidad individual, la única realmente existente en un Estado de Derecho rectamente entendido.

d. La perspectiva de género no es igualdad, ni libertad ni pluralismo

Nótese que la perspectiva de género no es igualdad. El español es un idioma rico en léxico. Por eso tenemos dos palabras diferentes, para designar dos realidades diferentes. Así es como se colige intuitivamente que la perspectiva de género no es igualdad. Es más: si uno observa los debates feministas en España habrá observado que se ha pasado de reivindicar medidas puntuales y concretas que pudieran mejorar la posición de las mujeres a hacer una enmienda a la totalidad del sistema, rabiosamente heteropatriarcal, sin solución de continuidad ni paradas intermedias. En esos debates se ha sacrificado el término «igualdad», que ha desaparecido por completo a medida que se introducían nociones como la perspectiva de género, la interseccionalidad, la opresión heteropatriarcal y lindezas similares[41].

La perspectiva de género no es igualdad. Los recursos y atención se enfocan en unas y se desenfocan para todos los demás. Se crea un sentimiento de desigualdad percibida en ciertas comunidades, por ejemplo, mediante discriminaciones positivas que solo favorecen en realidad a unas pocas. Además, todo se ciñe a la misma horma, ignorando la diversidad de experiencias que anidan en los seres humanos, sean hombres o mujeres. Es como hacer de las personas monolitos de acero. Por supuesto, en este marco la desigualdad que se pueda dar dentro de cada uno de los grupos o colectivos se elude siempre que no sea la que defienden las *portavozas* del género y se haga a su manera. Es sintomático que ni una sola de las medidas que han propuesto y que se han demos-

---

41   *Vid.* PALACIOS GÓMEZ, J.L.; *Socioestadísticas para miembros. Una contribución a la crítica de la ideología política de género*, Letrame, Almería, 2022, passim.

trado en la realidad desatinadas (como poco), se sometan a debate y revisión. La única salida que suelen encontrar es... intensificar los términos de su enfado, alimentar lo errado de su visión y hacer el clásico *sostenella y no enmendalla*. Esto es especialmente obvio y cruento en los debates sobre la ineficacia de la Ley de Violencia de Género de 2004: veinte años después, estos delitos no han disminuido. Cuando se le intenta hacer ver a la conspicua representante feminista de turno solo sabe contestar que hace falta...endurecer la Ley. ¿De esta guisa quien puede hacer nada de provecho?

Por supuesto que, vistas así las cosas, no cabe duda de que la perspectiva de género cercena la libertad y el pluralismo. Defender a estas alturas que la perspectiva de género rompe una idea siquiera mínima de la libertad y el pluralismo no cogerá a nadie desprevenido. Por si fuere el caso, a continuación desgranamos los porqués de una aseveración que, de lo contrario, podría resultas tendenciosa o paupérrima desde el punto de vista argumentativo.

En primer lugar, la perspectiva de género impone una visión única. Y lo hace señaladamente mediante una exigencia tácita de uniformidad ideológica. En sus manifestaciones más dogmáticas puede imponer una visión única y homogénea sobre las relaciones de género y la estructura social. Esto puede llevar a una situación en la que se espera que todos adopten una misma interpretación del género y de las soluciones a los problemas de género, limitando la libertad de pensamiento y expresión. También lo hace intentado reducir el debate público. Al imponer una visión dominante sobre el género, la perspectiva de género de hecho reduce la discusión abierta. Las opiniones divergentes pueden ser silenciadas o marginadas, lo que restringe el pluralismo de ideas y perspectivas, fundamental para una sociedad libre y democrática. Huelga decir que esto se contempla, entre otros, en el artículo 1.1 CE.

En segundo lugar, se restringe la libertad individual hasta límites rayanos en lo exasperante. La implementación de políticas basadas en la perspectiva de género puede llevar a una regulación estricta de comportamientos individuales en nombre de la corrección política. Esto puede incluir restricciones sobre el lenguaje, las normas sociales y las conductas permitidas, limitando la libertad personal para expresarse y actuar de acuerdo con sus propias creencias y valores. También huelga decir que tal extremo se protege por el artículo 16 CE.

Además, no es baladí recordar que, en algunos contextos, la perspectiva de género puede influir fuertemente en los sistemas educativos, promoviendo una educación basada en ciertos principios que no son universalmente aceptados, antes al contrario, son sumamente discutidos, por ser tendenciosos y, por ello, perniciosos. Esto puede coartar la libertad de los padres para educar a sus hijos de acuerdo con sus propios valores y creencias, y la libertad de los estudiantes para formarse sus propias opiniones sobre el género. Sobre esto se explayan los votos particulares de la jurisprudencia constitucional que hemos analizado y, con ellos, nos tememos que se ha conculcado el artículo 27 CE.

En este clima de polarización y refriega enconada la perspectiva de género no calma las aguas sino que las agita, especialmente por cómo anhelan emplearla sus adalides: con profunda intolerancia hacia las opiniones divergentes o hacia quienes argumentan en contrario, a quienes se ignora o cancela. De hecho, creemos que en la práctica, hacer reiterado y especial hincapié en la perspectiva de género, la interseccionalidad o el feminismo transgénero pueden contribuir a la cultura de cancelación, donde individuos que expresan opiniones contrarias son censurados, excluidos o castigados socialmente. Esta intolerancia hacia opiniones disidentes socava el pluralismo y la libertad de expresión, ya que las personas pueden sentirse intimidadas a expresar sus verdaderas opiniones por miedo a represalias. A esto suelen contrarrestar con gritos de «misóginos, retrógrados o insensibles», lo cual no crea precisamente un ambiente favorable al diálogo constructivo. Esta demonización de la disidencia no solo limita la libertad de expresión, sino que también inhibe el desarrollo de un debate robusto y pluralista sobre las cuestiones que nos afectan de veras. Las fuerzas de los humanos no son ilimitadas y el coste de oportunidad siempre es elevado[42].

La perspectiva de género puede desafiar y buscar cambiar normas y tradiciones culturales profundamente arraigadas. Si bien algunos cambios pueden ser necesarios para promover la igualdad, la imposición de estos cambios se percibe

---

42   Diversas contribuciones resaltan este último aspecto: cierto feminismo es puramente liberticida. Véanse los trabajos compilados en VVAA; *Indomables. Diez mujeres frente al feminismo hegemónico*, Ladera Norte, Madrid, 2024.

como una forma de colonialismo cultural, donde una visión específica del género es forzada sobre diversas culturas y comunidades (siempre occidentales, va de suyo) socavando su libertad para mantener y desarrollar sus propias tradiciones. La perspectiva de género conlleva una homogeneización cultural, donde las diversas formas de entender y vivir el género son reemplazadas por una visión uniforme. Esto puede destruir la riqueza del pluralismo cultural y limitar la libertad de las comunidades para definir sus propias normas y valores, en todo caso el inherente pluralismo del cuerpo social bajo una democracia liberal.

Atendiendo a lo anterior, no puede extrañar al amable lector que nos ha acompañado hasta aquí que, en suma, la perspectiva de género puede destruir la libertad y el pluralismo al imponer una visión única del género, restringir la libertad individual, mostrar intolerancia hacia opiniones divergentes, impactar negativamente en la cultura y las tradiciones, creando un ambiente donde la disidencia es demonizada. Estos factores pueden limitar la diversidad de ideas y la libertad de las personas para vivir de acuerdo con sus propias creencias y valores, socavando así los principios fundamentales de una sociedad libre y pluralista[43].

e. Perspectiva de género y jurisprudencia constitucional

Cuando uno debe leer en resoluciones como la STC 89/2024, de 5 de junio, a la mayoría de jueces constitucionales afirmar que la perspectiva de género no es una ideología estamos ante una aseveración problemática y vergonzante por falsa. La perspectiva de género es una herramienta analítica y metodológica creada al calor del feminismo de segunda ola que llega a la conclusión de que si el problema es el género (donde los hombres *encierran* a las mujeres) por

---

43 A pesar de ello, una conspicua representante del feminismo fluido y líquido como Judith Butler inicia su último libro llevándose las manos a la cabeza mientras se pregunta: «¿Cómo es posible que a alguien le dé miedo el género?». Podíamos responder que somos legión los aterrados, pero eso el lector ya lo sabe. Quizá sea uno de ellos. La cita se encuentra en un título por lo demás igual de alarmante y sintomático. *Vid.* Butler, J.; *¿Quién teme al género?*, Paidós, Barcelona, 2024, p. 11.

el género deberá resolverse (donde las mujeres *se liberan*). Se nos ha dicho hasta la saciedad en los últimos años que la perspectiva de género es una herramienta feminista, *empoderante* y demás cualidades semi-mágicas de la medida[44]. Negar su carácter ideológico es en realidad desactivar el instrumento en tanto que herramienta crítica y transformadora de la sociedad. Al decir que no es ideología, está diciendo que apenas es nada. Pero si nada es, ¿entonces por qué la tendencia del Juez Constitucional de incardinarla sin solución de continuidad dentro de, nada más y nada menos, los valores superiores del ordenamiento, cuando no figura en ninguna Constitución demoliberal como tal?

El Tribunal Constitucional, al desvincular la perspectiva de género de su componente ideológico, quizá está haciendo lo contrario de lo que pretende, pues le resta el supuesto potencial emancipador para cuestionar y desafiar las normas y estructuras de poder existentes que perpetúan la desigualdad.

La afirmación del Tribunal Constitucional de que la perspectiva de género no es una ideología es falaz por varias razones. Este argumento ignora la naturaleza fundamentalmente ideológica de la perspectiva de género y pasa por alto su propósito y origen dentro del marco del feminismo y otras corrientes críticas. Ya se ha hecho suficiente hincapié.

En el ámbito académico y entre los movimientos sociales, hay un consenso significativo sobre la naturaleza ideológica de la perspectiva de género. Numerosos estudios y teorías feministas han desarrollado y defendido esta perspectiva como una herramienta crítica para analizar y transformar las relaciones de género. Negar su carácter ideológico va en contra del conocimiento acumulado y las experiencias de aquellos que han trabajado para promover la igualdad de género. Reconocer la perspectiva de género como una ideología es esencial para comprender su verdadero propósito: arrumbar lo mejor de la tradición demoliberal e instaurar un régimen de pensamiento único.

---

44   Una publicación tributaria de dicho planteamiento es la de Rubio Marín, R. y Salazar Benítez, O.; *El orden de género de la Constitución Española. Lecciones del pasado y propuestas de reconstrucción paritaria*, Comares, Granada, 2024.

A este respecto, vaya por delante un mérito de dudoso honor: el Tribunal Constitucional no emplea el término «feminismo» en ninguna de las sentencias constitucionales. Y es dudoso honor porque la perspectiva de género es un término acuñado por el feminismo. En honor a la verdad, «feminismo» aparece una única vez en el voto particular concurrente que formula la magistrada doña María Luisa Balaguer Callejón a la STC 44/2023, y lo hace en estos términos:

> «La relevancia de este pronunciamiento trasciende el propio objeto del recurso de inconstitucionalidad, no solo por las expectativas generadas en la ciudadanía tras el retraso en la resolución del recurso, sino porque la propia posición del Tribunal como intérprete del texto constitucional se pone en el centro del debate, ante la ausencia de reformas constitucionales en materia de derechos fundamentales en más de cuarenta y cinco años de vigencia de la Constitución y las mutaciones culturales y políticas que ha vivido nuestro sistema constitucional desde entonces. Una de ellas, remite a la evolución y presencia del feminismo en la esfera pública y a las transformaciones que el mismo ha impulsado en la definición de las políticas públicas y de la acción de un legislador conformado hoy de forma paritaria de acuerdo con las previsiones de la Ley Orgánica 3/2007, de 22 de marzo, para la igualdad efectiva de mujeres y hombres».

La perspectiva de género, en origen también llamada «mainstreaming de género», es una expresión acuñada en el seno del marco teórico feminista que pretende ilustrarnos sobre lo estructural de las relaciones de género. Según Alba Alonso:

> «El punto de partida de esta definición es sin duda el diagnóstico implícito que propone. Este adopta uno de los ejes fundamentales del marco teórico del feminismo y asume que las relaciones de género tienen un cariz estructural. Por ello, su manifestación es de carácter sistémico y sistemático, y como consecuencia, no resulta abordable desde las perspectivas individuales y grupales de las acciones precedentes. Es necesario, por el contrario, una prognosis de naturaleza holística»[45].

---

45   *Vid.* Alonso, A.; *El mainstreaming de género en España. Hacia un compromiso transversal con la igualdad*, Tirant lo blanch, Valencia, 2015, p. 30.

Entonces, ¿para qué sirve la perspectiva de género? Para intentar introducir una variable en nuestra convivencia que obedezca a las coordenadas de género, que es tanto como decir para que próceres y defensoras se arroguen la potestad mayestática de definir qué es y en qué medida algo es favorable o no para la mujer (así, en general)[46]. Si entienden que lo es, la perspectiva de género es necesaria, vital, ineludible. Pero si al «aplicarla» deducen que un hombre podría resultar beneficiado —incluso aunque hablemos de hombre como individuo en una situación jurídica determinada con legitimidad y expectativa de buen derecho— entonces probable y convenientemente omitirán dicha perspectiva[47]. En otras palabras: aunque la letra sea indefinida, contribuye a difundir cierta música[48].

Dicho en otros términos: o aceptamos que la perspectiva de género interpela a los dos géneros (o a los que pueda haber *adicionalmente*) o no interpela a ninguno. Pero eso de aplicar el Derecho con perspectiva de género para que un género salga sistemáticamente favorecido mientras el otro resulta inquebrantablemente preterido no parece muy acorde con el pluralismo, la mesura, la prudencia o, incluso, respecto de una noción formal de igualdad. Por no mencionar que cuando se emplea la expresión *género* en lugar de la más intuitiva y certera de *sexo*, en demasiadas ocasiones se hace referencia a este último[49]. Basta observar el

---

46   *Vid.* Salazar Benítez, O.; «La necesaria perspectiva feminista en la enseñanza, interpretación y aplicación del Derecho», *Investigaciones Feministas*, n.º 2, vol. 12, 2012, pp. 359-369; y Macías Jara, M.ª; «Los principios constitucionales desde la perspectiva de género o feminista: el Estado social y democrático de derecho y de las autonomías». En VVAA; *Manual con perspectiva de género. Volumen I: Constitución, órganos, fuentes y organización territorial del estado*, Universidad de Salamanca, Salamanca, 2020, p. 247 y ss.

47   Abundan en esa crítica varios de los diversos trabajos compilados en VVAA; *Indomables. Diez mujeres frente al feminismo hegemónico*, Ladera Norte, Madrid, 2024.

48   *Vid.* Corominas, A.; *Las artimañas ¡vaya timo!*, Laetoli, Pamplona, 2024, p. 25.

49   Nos llevaría muy lejos introducir la variable transgénero en el presente análisis. Baste decir, con Lipovetsky, que «se ha vuelto legítimo rehusar el sexo biológico» y que «ahora es el individuo el que es reconocido como amo y poseedor de su identificación de género solo en función de su experiencia íntima de sí». *Vid.* Lipovetsky, G.; *La consagración de la autenticidad*, Anagrama, Barcelona, 2024, p. 157.

debate sobre la «violencia de género» en España, cuando se afirma, por ejemplo, que en 2020 murieron 43 mujeres a manos de otros tantos hombres y que, por tanto, la «violencia de género» se sigue cobrando víctimas. Como se deduce fácilmente, el género, como conjunto de expectativas sociales de actuar de un determinado modo no importa lo más mínimo y sí el sexo, en cuanto realidad biológica de los seres humanos[50].

El razonamiento principal de la jurisprudencia constitucional resulta meridiano: como no estamos ante una ideología, no estamos ante un concepto que adoctrine o transmita ningún tipo de valor ideológico. También es sabido que afirmar no es probar y lo que se propone sin evidencia puede rechazarse sin evidencia[51]. No obstante, el TC reconoce que estamos ante una *metodología*. Pero la duda sobreviene cuando se colige que tampoco se alcanza a comprender cómo y con qué alcance tal cosa opera. El Tribunal Constitucional dice que esa metodología de la perspectiva de género sirve para que la libertad e igualdad sean reales y efectivas; para garantizar la igualdad de oportunidades; como exigencia de un marco democrático de convivencia que integra una ética de mínimos y no de máximos; como forma de alcanzar la equidad y el desarrollo de los talentos; como mecanismo para combatir las desigualdades a la hora de elegir estudios; o para sellar la «brecha digital de género». El TC ha dicho que todo eso logra la perspectiva de género, pero mucho nos tememos que quien afirma tanto en verdad no afirma nada.

No cabe desconectar este diálogo del meollo central del asunto: la interpretación evolutiva. Sin ser expertos en cuestiones de interpretación constitucional, lo cierto y verdad es que no es necesario ser avezado y sagaz jurista para

---

50   *Vid.* DE LORA, P.; *El laberinto del género. Sexo, identidad y feminismo*, Alianza editorial, Madrid, 2021, p. 24 y ss. En 2022 el dato real aumentó, desgraciadamente, hasta las 49 mujeres asesinadas. Se colige que algo no funciona en las medidas contra la violencia de género en nuestro país si los números de las muertes no solo no bajan, sino que aumentan. *Vid.* PUTIN GHIDINI, A.; *Cancelación. Manual contra la dictadura de la ideología, el pensamiento binario y el odio político*, Sekotia-Almuzara, 2024, p. 209.

51   *Vid.* COROMINAS, A.; *Las artimañas ¡vaya timo!*, Laetoli, Pamplona, 2024, p. 27. El autor recuerda la máxima cartesiana: no admitir jamás cosa alguna como verdadera sin haber conocido como evidencia que así es.

sostener que la pirueta que ofrece la mayoría del TC es de las que hacen época (y que la magistrada Espejel denuncia con tanta claridad en su voto particular a la STC 44/2023): interpretación evolutiva = perspectiva de género exigida por la realidad social actual. El pórtico para hacer del Tribunal Constitucional un legislador positivo resulta de la primera parte de la premisa, a la que se pueden añadir cuantas fórmulas, principios y valores se quiera (o se necesiten), dando como resultado una sociedad tal y como imaginan quienes han propuesto la proposición, en nuestro caso la perspectiva de género. Ganada esa base, y gracias al *efecto trinquete*, a partir de ahí devendrán propuestas del más variado pelaje, pero siempre unidas por las *necesidades del servicio*[52]. Veamos algunos ejemplos.

¿Queremos introducir un mayor castigo penal al hombre que a la mujer por cometer exactamente el mismo delito? La perspectiva de género obliga a tomar conciencia de que la realidad social actual dice que los maltratadores son en su inmensa mayoría hombres y las maltratadas en su inmensa mayoría mujeres, así que se necesita llevar tal diagnóstico a la ley penal para castigar con mayor dureza y gravedad a los primeros que a las segundas «por el mayor desvalor que ofrece su conducta ante la reiterada situación de discriminación de la mujer». Ese sería un argumento que podría suscribir cualquier feminista al uso. Por supuesto, tal planteamiento ignora convenientemente los derechos fundamentales a la presunción de inocencia, la igualdad ante la ley o la no discriminación basada en una categoría sospechosa (el sexo) y, por ende, sometida a un estricto test de proporcionalidad si se emplease como base para diferenciar entre personas[53]. El pluralismo y la libertad, también valores superiores del ordenamiento, quedan arrumbados. La diversidad real, *ídem de lienzo*. La convivencia basada en tales valores deviene impo-

---

52   El efecto trinquete es la propuesta de nuevas políticas, decisiones y leyes sobre anteriores políticas, decisiones y leyes no tanto para mejorar sino para mantener o adquirir poder adicional por los proponentes. *Vid.* Higgs, R.; *Crisis y Leviatán, Los episodios clave en la expansión del Estado en Estados Unidos*, Deusto, Barcelona, 2021, p. 17 y ss.

53   Diversos autores llaman la atención sobre tales quiebras, insumibles e intolerables en una democracia constitucional que realmente merezca tal nombre. *Vid.* Putin Ghidini, A.; *Cancelación. Manual contra la dictadura de la ideología, el pensamiento binario y el odio político*, Sekotia-Almuzara, 2024, p. 200 y ss.

sible con una mentalidad que como la que se plasma en la sentencia de la mayoría[54]. Por no mencionar que, siguiendo al constitucionalista Pereira, «ahora el Derecho penal es instrumento cotidiano de gobierno y reconfiguración social. El *government by fear* es cada vez más indisimulado»[55].

Resulta curioso el empleo que se hace de la distinción entre ética de mínimos y de máximos. Aunque es verdad que el TC no acoge directamente la terminología, sí que lo hace en esencia al dar por buenos los argumentos del abogado del Estado. Para este, la perspectiva de género, en la medida en que integra principios y valores basilares del Estado constitucional, conformaría una ética de mínimos o, dicho en otros términos, los conocimientos que todos debemos tener. En cambio, las convicciones religiosas o las morales integran a su parecer una ética de máximos y por ello sólo quienes así lo deseen pueden profesarlas.

No decimos que esto no pueda ser así. Sí sostenemos que, si el feminismo se considera una doctrina de pensamiento con máximas indiscutibles y verdades inmutables, esto se parece más a una religión que a cualquier otra cosa. Si el feminismo adquiere ciertos tintes religiosos y la perspectiva de género es un artefacto derivado del feminismo en tanto que herramienta a emplear en el ruido de la vida, la perspectiva de género integraría una ética de máximos y no de mínimos. Aunque resulte increíble para según quien, hay personas en nuestra sociedad que no son feministas, ni defienden perspectiva de género alguna. Y tienen todo el derecho a proceder así, faltaría más. Eso es justo lo más criticable de las sentencias constitucionales analizadas, que intentan hacer pasar por trámite lo que es concepción profunda de pensamientos, creencias e ideas[56].

---

54   A favor de las últimas reformas penales en materia de género, igualdad y no discriminación puede verse Tapia Ballesteros, P.; «La protección de la igualdad y la no discriminación en el Código Penal. Errores y aciertos de las últimas reformas», *IgualdadES*, n.º 9, 2023, pp. 143-173.

55   *Vid.* Pereira Menaut, A-C.; *La sociedad del delirio. Un análisis sobre el gran reset mundial*, Rialp, Madrid, 2023, p. 67 y ss.

56   El diagnóstico de fondo que permite que ideologías como la perspectiva de género florezcan tiene que ver, entre otros factores, con el hecho de que ya no compartimos un sustrato común y hemos dejado de estar de acuerdo en lo fundamental. Así lo defiende en un brillante

Por ello estaría proscrita su enseñanza, por más que se revista de «educación sexo-afectiva», o su plasmación en planes y programas de estudio de centros públicos y/o administraciones públicas. Decir que es una metodología y no una ideología es un artificio retórico que solo busca confirmar el criterio ya decidido de antemano: salvar la constitucionalidad de la exigencia de implementar la perspectiva de género en la educación secundaria y en la educación de los profesionales de la salud. Un paso más en minar instituciones centrales de la democracia constitucional haciéndola pasar por exigencia de la democracia constitucional.

La penúltima consideración crítica tiene que ver con el hecho de que la perspectiva de género forma parte del ideario feminista y el ideario feminista suele adscribirse a las corrientes —sedicentemente progresistas— de izquierda[57]. Sucede que en el primer cuarto del siglo XXI ese ideario se ha transformado en un conglomerado identitario cuyo objetivo es, siguiendo a Lipovetsky, «reforzar y enriquecer el yo herido de los miembros de minorías ofendidas y oprimidas, víctimas de la hegemonía blanca y falocrática». El filósofo francés cree que estamos ante «una nueva catequesis portadora de oscurantismo, de dogmatismo y de una definición cada vez más estrecha y restrictiva de sí. Bajo la bandera del respeto (...) del anti-sexismo, surgen lenguajes estereotipados, dogmatismo ideológico y un nuevo tipo de terrorismo cultural». El empleo que cierto feminismo hace de nociones como la perspectiva de género abunda en esa idea excluyente, revanchista y profundamente iliberal. La vergüenza de ser víctima se ha transformado en orgullo identitario, orgullo con el que se legisla en España desde hace décadas y, ahora, mediante el cual se dictan sentencias constitucionales[58]. Un pensador de izquierdas como Michael Walzer lo ha dejado

ensayo Pereira Menaut, A-C.; *La sociedad del delirio. Un análisis sobre el Gran Reset mundial*, Rialp, Madrid, 2024.

57   *Vid.* Valles, J.M.ª y Martí i Puig, S.; *Ciencia Política. Un manual*, Ariel, Barcelona, 2023, p. 289 y ss.

58   *Vid.* Lipovetsky, G.; *La consagración de la autenticidad*, Anagrama, Barcelona, 2024, p. 141 y ss. Por lo demás, mientras el movimiento identitario tritura lo que encuentra a su paso, poco se habla de que sus líderes callan sobre la «coincidencia» de sus tesis con el declive de la clase trabajadora a nivel mundial. *Vid.* Deneen, P.; *Cambio de régimen. Hacia un futuro posliberal*, Homo Legens, Madrid, 2023, p. 328 y ss.

caer en una de sus últimas contribuciones bibliográficas. Una vez que paga el correspondiente peaje en forma de cantar las bondades de movimientos como el #MeToo, también observa problemas. Como por ejemplo, que las mujeres se han resistido a que el castigo se ajuste al delito, reaccionando de forma completamente desproporcionada; como por ejemplo, eludiendo u obviando cualquier tipo de perdón a quienes pudieran estar arrepentidos; y no están por la labor de caer en la cuenta de que «el comportamiento masculino, incluso el malo, no es todo igual»[59].

Last but not least, debemos aludir al empleo de las nociones constitucionales comparadas de las sentencias. La cita en exclusiva del criterio del Tribunal Supremo canadiense respecto la consideración de la Constitución como «árbol vivo» esconde una realidad palmaria y lacerante, por más que se desee atribuir a «la extrema derecha», a «los populismos extremistas» o a «las fuerzas conservadoras»: en diversos países se han suscitado polémicas enconadas por regulaciones muy similares a las discutidas aquí y estas han sido convenientemente omitidas de la *ratio decidendi* de las resoluciones constitucionales.

En el año 2020 el Tribunal Supremo Federal de Brasil invalidó cuatro ordenanzas que imponían abordar en clase la teoría de género y la educación sexual. En 2016 sucedió en Perú que hubo una masiva movilización civil para eliminar la perspectiva de género del currículo nacional de educación básica e incluso se ha denunciado su inconstitucionalidad ante el TC peruano. En Rumanía existía una ley que prohibía enseñar este tipo de contenidos «de género» en la enseñanza, extremo que llegó al Tribunal Constitucional del país, órgano que en 2020 acabó por rechazar una reforma de dicha previsión. Por si fuera poco, Dinamarca aprobó mediante su Parlamento una resolución contra el «exceso de activismo» en los entornos de investigación académica, incluyendo, entre otros, los estudios de género (también los estudios de la teoría racial, los estudios poscoloniales y los estudios de la inmigración: la recua posmoderna de siempre)[60].

---

59   *Vid.* WALZER, M.; «Feministas liberales». En su libro *La lucha por una política decente. Sobre «liberal» como adjetivo*, Katz, Buenos Aires, 2024, p. 140 y ss.

60   Extraigo los ejemplos de RUBIO MARÍN, R.; «La munición constitucional del movimiento global anti-género», *Teoría y Realidad Constitucional*, n.º 52, 2023, p. 248 y ss.

Finalmente, deje el lector que reflexionemos brevemente sobre la repercusión que las tesis transgénero podrían tener en este marco. Hemos visto cómo la perspectiva de género parte de la base de que existen dos y solo dos géneros. No es ocioso decir que necesita de esa dicotomía. La explicación al uso es que el género es el «constructo» social creado en base al sexo biológico. Un ejemplo típico es el de esa mujer que se dedica a la crianza, al cuidado de los hijos y al hogar mientras que el hombre sale de casa para ganar el sustento familiar. El sexo determinaría el género, en tanto que conductas y expectativas asociadas al primero. Y eso es lo que el feminismo de la diferencia quiere destruir.

Con las tesis transgénero en la mano, el anterior esquema vuela por los aires. Ahora se nos dice que el género puede determinarse a voluntad de tan irremediablemente fluido que es. Si la fluidez de género es la nota predominante de ello se infiere la abolición de las políticas de género, pues ya no existirían dos géneros sino todos aquellos que la persona desee establecer. La única salida que se vislumbra viable es abogar por las políticas transgénero (por y para dicha comunidad). Así las cosas, la llamada «abolición del género» se convierte en la erradicación de las diferencias entre géneros y, por consiguiente, de las de sexos.

En fin, las sentencias constitucionales manejan generosamente un concepto que nada tiene de claro ni de cierto. Un concepto que proviene de una ideología tan marcada como el feminismo resulta, tamizado por el parecer de la mayoría del TC, una metodología y no una ideología; una metodología más que «enseña igualdad» pero no adoctrina; en definitiva, una forma de exigir respeto a los principios y valores constitucionales que posibilitan nuestra convivencia, nada que ver con inculcar a niños y mayores un credo que se está convirtiendo en religión.

Desde aquí hacemos votos por recuperar valores como el pluralismo político, la igualdad ante la ley y la elemental interpretación constitucional conforme a los dictados que impone la propia Norma. Que después de las «grandes revoluciones feministas de género» ninguna Constitución moderna contemple algo siquiera similar a la «perspectiva de género» ofrece la medida en que dicha noción era innecesaria desde la óptica constitucional. Y desde la mesura y la prudencia despedimos estas líneas, haciendo votos por seguir conversando y desentrañar juntos los problemas que generan tirios y troyanas.

Un buen resumen de la situación nos lo ofrece uno de los ensayos más interesantes de los últimos tiempos, cuya pluma pertenece a Juan Soto Ivars. El lector barruntará por qué la cita de un periodista en lugar de un constitucionalista. La respuesta es clara y dolorosa a partes iguales: en el llamado constitucionalismo feminista no existe nada parecido a un sector crítico que cuestione siquiera alguna de sus premisas. Soto Ivars lo hace convencido y convenciendo[61].

Comienza por decirnos que el feminismo académico sitúa al patriarcado en el centro de todos los males. Lo que esto significa es que la culpa de lo que de malo sucede a mujeres y a hombres la tiene el hombre. No hay desgracia ni discriminación que provenga de otra fuente. Las brechas donde el hombre no tiene tanta suerte (violaciones en las prisiones, violencia en la pareja, procesados por denuncias que luego se demostraron falsas en sede judicial, mayores tasas de adicción, de muertes en el trabajo, de trabajos penosos, etc.) pasan completamente desapercibidas. La perspectiva de género es un ángulo muerto que solo permite, acaso, una visión unidireccional.

Es por eso por lo que suceden cosas como esta: España está situada dentro de los quince lugares más seguros del mundo para ser mujer mientras que nuestros medios de comunicación hablan de «machismo» el triple —han leído bien: tres veces más— que en otros países. Mientras que incluso la ONU define de forma más abierta la violencia de género, en España se ha optado por una vertiente claramente militante que no admite dobleces ni ambages: la culpa es del patriarcado, o sea, de los hombres, dicho así, en general. El sesgo, nos ilustra Soto Ivars, es notable.

Para Soto Ivars estamos ante la construcción de la Nación Mujer frente a la rival Nación Hombre. El patriarcado exigiría una fuerza en contra lo suficientemente importante, dura y combativa como para destruirlo. Pero, ¿por qué se ha producido en tiempos recientes dicha contestación? ¿Cuántos años hemos vivido así y a nadie le pareció mal? ¿No será que había beneficios para todos? Omitir toda la ayuda, protección o inventos del hombre, con claras ventajas para hom-

---

61 *Vid.* Soto Ivars, J.; *La trinchera de letras. La batalla cultural contra la libertad y el conocimiento*, Ediciones Nobel, Oviedo, 2024, p. 152 y ss.

bres y mujeres: desde construir edificios hasta asfaltar las carreteras, pasando por combatir guerras para mantener y defender los sistemas democráticos donde solemos vivir en paz y en libertad.

El sesgo ideológico presenta una veta identitaria peligrosa. No a todas las mujeres se les permite entrar en el club. Existe una manera de ser mujer que no podrá participar si no paga el peaje ideológico. Una mujer de derechas sería un buen ejemplo. Una feminista conservadora, otro. Se ha dicho hasta la extenuación que las mujeres no son un ente homogéneo, como tampoco lo son los hombres. Este tipo de debates solo pueden hacerse desde la concepción individual y no grupal de la persona. La mal llamada guerra de sexos se perpetúa justamente porque se pone el foco en lo negativo (sea real o inventado) en lugar de incidir en lo positivo. A nada que uno se fije, los avances reales que permitieron a la mujer alcanzar los mismos derechos que los hombres contaron con la implicación directa de no pocos sujetos masculinos[62].

Restaría por hacer una última valoración crítica y es que la perspectiva de género engrosa un pack mucho más amplio que exige la creación de administraciones públicas, a las que se debe dotar de ingentes recursos económicos y humanos. Esto es, aumentar el nivel de intervención estatal, aumentar el presupuesto y, por ende, el gasto público, en políticas que no sabemos si resultarán eficientes. ¿No demuestran varios gobiernos del mundo lo innecesario de un Ministerio de Igualdad, por poner el caso patrio más visible de todos?[63] Al aumentar las exigencias feministas se añaden dosis de complejidad a los asuntos que los hace, si cabe, más complicados de gestionar. La sobreabundancia de derechos, intereses y cuitas «de género» no han dejado de crecer en nuestro ordenamiento jurídico y no se vislumbra que lo vaya a hacer. Solo luchan por mantenerse y aumentar su nivel de influencia,

---

62   Por ejemplo, para nuestro modelo, véase FERRERO GARCÍA, E.; *El derecho al sufragio femenino en el constitucionalismo español*, Aranzadi, Madrid, 2024.

63   Dicho con datos: en 2023 el presupuesto del Ministerio de Igualdad fue de 573 millones de euros. No ha dejado de incrementarse con el paso del tiempo: 51 millones de euros en 2017; 181 millones de euros, en 2018; 459 millones de euros, en 2021. *Vid.* ARGUDO, R.; «Follow the money». En VVAA; *Indomables. Diez mujeres frente al feminismo hegemónico*, Ladera Norte, Madrid, 2024, p. 47.

nunca por reducirlo en aras de la eficacia, de la eficiencia o del ahorro. O del equívoco, palabra que quienes defienden sin desmayo la perspectiva de género no saben —no quieren— conjugar[64].

---

64   Respecto a las nuevas demandas «de género» reflexiona RAMIÓ, C.; *El colapso de la administración en España. Un análisis políticamente incorrecto*, Libros de la Catarata, Madrid, 2024, p. 34 y ss.

CONCLUSIONES

Las conclusiones generales a las que nos lleva el trabajo desplegado en las páginas precedentes ya han quedado dichas, al menos barruntadas. Recordemos aquí el sustrato elemental de las mismas.

El concepto «perspectiva de género» es de origen ignoto. Se sabe que fue empleado con fruición por el segundo feminismo, el de la diferencia, para poder aupar las reivindicaciones femeninas en un pedestal. Es de origen difuso, casi ignoto, sumamente extraño. ¿Alguien puede establecer la fecha y el contexto? ¿Dónde sucedió? ¿Quiénes estaban allí? El propio concepto de perspectiva de género también resulta ignaro, en la medida en que no se conoce a ciencia cierta qué significa, más allá de las pulsiones del momento feminista de turno.

La perspectiva de género se encuentra regulada en un acervo normativo internacional (sobre todo, de soft-law) y nacional (a nivel fundamentalmente legislativo, no constitucional) como también ha conducido a que se dicten una serie de sentencias constitucionales sobre la materia convalidando, jurídicamente hablando, tal acepción. Solo los intérpretes más contumaces, convencidos y militantes sabrán qué idea se esconde detrás de dicho eslogan. Nosotros, no. Lo cierto y verdad es que tampoco parece algo tan importante como para que ninguna Constitución demoliberal post II Guerra Mundial lo incorporase (para más señas, realmente curiosas, decir que el feminismo de segunda ola ya había surgido y había enunciado tal concepto…). La interpretación que alcanza una incompetencia sideral es hacer creer que la perspectiva de género nada tiene que ver con lo ideológico o lo partidista, como si fuere una institución de Derecho Natural, caída del cielo. Se dice que poco menos que estamos ante un valor universal (¿quién lo auspicia? ¿dónde? ¿cómo?), cuando lo que de veras sucede es que es un lenguaje discutido y discutible. Hay personas que la defienden y hay personas que se oponen. Es lo que tiene el pluralismo real y los seres humanos de carne y hueso: que se empeñan en pensar y sentir por sí mismos.

Hemos analizado las principales sentencias constitucionales donde se acoge la noción y donde se despliega. La mayoría del Tribunal Constitucional entiende que la perspectiva de género es una «metodología», no una ideología, con la que lograr la igualdad y la no discriminación. La minoría discrepante de los jueces constitucionales eleva votos particulares donde arguye que estamos ante un derivado ideológico que apenas trasluce rigor, objetividad o seguridad jurídica.

Creemos haber demostrado que la perspectiva de género es un concepto que nace al calor del feminismo de segunda ola y, en ese sentido, producto directo de una ideología. También hemos aludido a su falta de concreción y de certeza, pues no se sabe qué implica decir, por ejemplo, que hay que legislar con perspectiva de género o que los presupuestos generales deben hacerse con perspectiva de género. Hemos dicho, y seguiremos diciendo, que la perspectiva de género victimiza (a ellas), culpabiliza (a ellos), y polariza (a todos) y resulta excluyente de las nuevas tendencias en estas lides (hurta del debate a personas no binarias, trans y de género fluido). Creemos que este concepto de la perspectiva de género se pretende blandir como un triunfo cuando lo que de veras resulta es una piedra a la que se aúpan quienes desean influir, condicionar y/o medrar. Visto así, la perspectiva de género no aporta apenas nada y sí puede destruir mucho. Ojalá el tiempo nos quite la razón.

BIBLIOGRAFÍA

Alonso Álvarez, A.; El *mainstreaming de género en España. Cronología, instrumentos e impacto en las políticas finales*, Tirant lo blanch, Valencia, 2015.

Álvarez Rodríguez, I.; «Comulgar con ruedas de molino: la perspectiva de género no es ideología según el Tribunal Constitucional», *Diario La Ley*, n.º 10506, 2024.

Álvarez Rodríguez, I.; «La perspectiva de género en la jurisprudencia constitucional», *Diario La Ley*, n.º 10475, 2024.

Álvarez Rodríguez, I.; «Rezar es constitucional», *The Objective*, 4 de junio de 2022. En línea: https://theobjective.com/elsubjetivo/zibaldone/2022-06-04/rezar-es-constitucional/.

Álvarez Rodríguez, I.; *En busca de la igualdad perdida*, Colex, A Coruña, 2024.

Argudo, R.; «Follow the money». En VVAA; *Indomables. Diez mujeres frente al feminismo hegemónico*, Ladera Norte, Madrid, 2024.

Ariño, I.; *Desmontando el feminismo hegemónico*, Unión Editorial, Madrid, 2021.

Balaguer Callejón, M.ª L.; *El feminismo del siglo XXI. Del #MeToo al movimiento queer*, Ediciones Huso, Madrid, 2021.

Butler, J.; *¿Quién teme al género?*, Paidós, Barcelona, 2024.

CARABANTE MUNTADA, J. M.ª; «Igualdad sustantiva y transformativa en el ámbito educativo», en LÓPEZ MARTÍN, A.G. (dir); *La igualdad de la mujer en el siglo XXI: realidad o utopía*, Dykinson, Madrid, 2024.

COROMINAS, A.; *Las artimañas ¡vaya timo!*, Laetoli, Pamplona, 2024.

DE LORA, P.; *El laberinto del género. Sexo, identidad y feminismo*, Alianza editorial, Madrid, 2021,

DE LORA, P.; *Los derechos en broma. La moralización de la política en las democracias liberales*, Deusto, Barcelona, 2023.

DENEEN, P.; *Cambio de régimen. Hacia un futuro posliberal*, Homo Legens, Madrid, 2023.

DÍEZ BUESO, L. (dir); *La reforma del artículo 49 de la Constitución Española*, Aranzadi, Navarra, 2024.

DÍEZ-PICAZO, L. M.ª; *Sistema de derechos fundamentales*, Tirant lo blanch, Valencia, 2021.

EL YAHYAOUI MOUHAND, F.; «Los derechos humanos de las mujeres en el mundo Árabe-Islámico». En LEDEZMA CASTRO, C. y PAMPILLO BALIÑO, J.P.; *Construyendo un mejor Derecho. Perspectivas internacionales comparadas*, Tirant lo blanch, México, 2023.

FERRERO GARCÍA, E.; *El derecho al sufragio femenino en el constitucionalismo español*, Aranzadi, Madrid, 2024.

FREEDEN, M.; *Ideología. Una breve introducción*, Alianza, Madrid, 2024.

GARCÍA ROCA, J.; *Lecciones de Derecho Constitucional*, Civitas, Cizur Menor, 2023.

GAVARA DE CARA, J.C.; «El control de la neutralidad y los derechos fundamentales». En GAVARA DE CARA, J.C.; y DE MIGUEL BÁRCENA, J. (dirs); *La neutralidad en el Estado constitucional*, J.M. Bosch Editor, Barcelona, 2023.

GAVARA DE CARA, J.C.; «Garantías de neutralidad política y mecanismos de control en la producción del discurso público». En GAVARA DE CARA, J.C.; y DE MIGUEL BÁRCENA, J. (dirs); *La neutralidad en el Estado constitucional*, J.M. Bosch Editor, Barcelona, 2023.

GÓMEZ FERNÁNDEZ, I.; «Sentencia del Tribunal Constitucional 44/2023, de 9 de mayo de 2023. Sentencia del Tribunal Constitucional 78/2023, de 3 de julio de 2023. Una jurisprudencia nueva sobre la interrupción voluntaria del embarazo», *Ars Iuris Salmanticensis: Revista europea e iberoamericana de pensamiento y análisis de derecho, ciencia política y criminología*, n.° 2, vol. 11, 2023.

HIGGS, R.; *Crisis y Leviatán, Los episodios clave en la expansión del Estado en Estados Unidos*, Deusto, Barcelona, 2021.

IGLESIAS BÁREZ, M.; «Políticas públicas y acciones positivas para la promoción de la igualdad en la Ley 15/2022, de 12 de julio, Integral para la Igualdad de Trato y la no Discriminación», *IgualdadES*, n.° 9, 2023.

LIPOVETSKY, G.; *La consagración de la autenticidad*, Anagrama, Barcelona, 2024.

LÓPEZ GUERRA, L.; *El Convenio Europeo de Derechos Humanos según la jurisprudencia del Tribunal de Estrasburgo*, Tirant lo blanch, Valencia, 2021.

LÓPEZ MARTÍN, A.G. (dir); *La igualdad de la mujer en el siglo XXI: realidad o utopía*, Dykinson, Madrid, 2024.

MACÍAS JARA, M.ª; «Los principios constitucionales desde la perspectiva de género o feminista: el Estado social y democrático de derecho y de las autonomías». En VVAA; *Manual con perspectiva de género*. Volumen I: Constitución, órganos, fuentes y organización territorial del estado, Universidad de Salamanca, Salamanca, 2020.

MARTY, A.; *Ideologías. Las ideas políticas que mueven el mundo*, Deusto, Barcelona, 2024.

MONTALBÁN HUERTAS, I.; *Perspectiva de género. Criterio de interpretación internacional y constitucional*, CGPJ, Madrid, 2004.

NIETO JIMÉNEZ, J.C.; *Consecuencias de la polarización y fragmentación en las Cortes Generales*, Tirant lo blanch, Valencia, 2024. Con prólogo de Piedad García-Escudero Márquez.

NUÑO GÓMEZ, L. y MARTÍNEZ DE ARAGÓN LÓPEZ, L.; «Disposiciones constitucionales en materia de igualdad de mujeres y hombres: análisis comparado en América Latina y España», *Revista de Derecho Político*, n.º 120, 2024.

PALACIOS GÓMEZ, J.L.; *Socioestadísticas para miembros. Una contribución a la crítica de la ideología política de género*, Letrame, Almería, 2022

PEREIRA MENAUT, A-C.; *La sociedad del delirio. Un análisis sobre el Gran Reset mundial*, Rialp, Madrid, 2024.

PERNAS ALONSO, J.M.ª; «La reforma del artículo 49 de la Constitución sobre discapacidad: una vulneración del derecho a la igualdad del artículo 14 de la Carta Magna», *Revista General de Derecho Constitucional*, n.º 40, 2024.

PERNAS ALONSO, J.M.ª; «La reforma del artículo 49 de la Constitución sobre discapacidad: una vulneración del derecho a la igualdad del artículo 14 de la Carta Magna», *Revista Española de Derecho Administrativo*, n.º 233, 2024.

PLUCKROSE, H. y LINDSAY, J.; *Teorías cínicas. Cómo el activismo académico hizo que todo girar en torno a la raza, el género y la identidad...y por qué esto nos perjudica a todos*, Alianza editorial, Madrid, 2023.

PRALLONG, C.; *Colecti-victimismo*, Unión Editorial, Madrid, 2024.

PUTIN GHIDINI, A.; *Cancelación. Manual contra la dictadura de la ideología, el pensamiento binario y el odio político*, Sekotia-Almuzara, 2024.

RAMIÓ, C.; *El colapso de la administración en España. Un análisis políticamente incorrecto*, Libros de la Catarata, Madrid, 2024.

REEVES, R.V.; *Hombres: Por qué el hombre moderno lo está pasando mal, por qué es un problema a tener en cuenta y qué hacer al respecto*, Deusto, Barcelona, 2023.

REVIRIEGO PICÓN, F.; «Reflexiones sobre la STC 44/2023, de 9 de mayo y la injustificable demora del Tribunal Constitucional», *Revista Aranzadi Doctrinal*, n.º 11, 2023.

RODRÍGUEZ BLANCO, M.; «La progresiva erosión de las bases constitucionales del sistema educativo», *Nueva Revista*, 16 de noviembre de 2023. En línea: https://www.nueva-revista.net/la-progresiva-erosion-de-las-bases-constitucionales-del-sistema-educativo/.

RUBIO MARÍN, R.; «La munición constitucional del movimiento global anti-género», *Teoría y Realidad Constitucional*, n.º 52, 2023.

RUBIO MARÍN, R. y SALAZAR BENÍTEZ, O.; *El orden de género de la Constitución Española. Lecciones del pasado y propuestas de reconstrucción paritaria*, Comares, Granada, 2024.

SALAZAR BENÍTEZ, O.; «La necesaria perspectiva feminista en la enseñanza, interpretación y aplicación del Derecho», *Investigaciones Feministas*, n.º 2, vol. 12, 2012.

SEGOVIANO ASTABURUAGA, M.ª L.; «Perspectiva de género en el ejercicio de la Magistratura». En PARDO PRIETO, P.C. (coord..); *Retos y victorias: III Ciclo de Jornadas Abiertas sobre Género, Diversidad Sexual y Derechos*, Eolas, León, 2022.

SEIJAS VILLADANGOS, E.; «La necesaria dimensión autonómica de la Ley 15/2022, de 12 de julio, Integral para la Igualdad de Trato y la no Discriminación», *IgualdadES*, n.º 9, 2023.

SOTO IVARS, J.; *La trinchera de letras. La batalla cultural contra la libertad y el conocimiento*, Ediciones Nobel, Oviedo, 2024.

SUNSTEIN, C. y VERMEULE, A.; *Jueces frente al Leviatán. El control Judicial del Estado Administrativo*, Aranzadi, Cizur Menor, 2024.

TAPIA BALLESTEROS, P.; «La protección de la igualdad y la no discriminación en el Código Penal. Errores y aciertos de las últimas reformas», *IgualdadES*, n.º 9, 2023.

TORRES DÍAZ, M.ª C.; «Ley Orgánica 1/2023, de 28 de febrero, por la que se modifica la Ley Orgánica 2/2010, de 3 de marzo, de salud sexual y reproductiva y de la interrupción voluntaria del embarazo [BOE, núm. 51, de 1 de marzo de 2023]. La dimensión constitucional de los derechos sexuales y derechos reproductivos», *Ars Iuris Salmanticensis. Revista europea e iberoamericana de pensamiento y análisis de derecho, ciencia política y criminología*, vol. 11, n.º 1, 2023.

VALLÉS, J.M. y MARTÍ I PUIG, S.; *Ciencia política. Una manual*, Ariel, Barcelona, 2023.

VVAA; *Conscience and Liberty. Religion and freedom of expression*, International Association for the Defence of Religious Liberty, Brussels, 2023.

VVAA; *Indomables. Diez mujeres frente al feminismo hegemónico*, Ladera Norte, Madrid, 2024.

VVAA; *Informe sobre la 4.ª Conferencia Mundial sobre la Mujer*, celebrada en Beijing en septiembre de 1995. En línea: https://www.un.org/womenwatch/daw/beijing/pdf/Beijing%20full%20report%20E.pdf.

COLEX

LA EDITORIAL JURÍDICA DE REFERENCIA PARA LOS PROFESIONALES DEL DERECHO **DESDE 1981**

Paso a paso   Códigos comentados   Vademecum

Formularios   Flashes formativos   Colecciones científicas

DESCUBRA NUESTRAS OBRAS EN:

www.colex.es

Editorial Colex SL   Tel.: 910 600 164   info@colex.es